Jaap van de Weg
Hinter dem Schleier

Jaap van de Weg

Hinter *dem* Schleier

Meditation für Einsteiger

Verlag Urachhaus

Aus dem Niederländischen von Ita Maria Berger

Die niederländische Originalausgabe erschien unter dem Titel *Achter de sluier. Van oefening naar meditatie* bei Uitgeverij Vrij Geestesleven in Zeist.

ISBN-3-8251-7287-2

1. Auflage 2003
Erschienen im Verlag Urachhaus

Umschlaggestaltung: U. Weismann
Umschlagmotiv: Uta Albeck, Tübingen
Druck: WB-Druck, Rieden

Inhalt

1 Ein Anlauf

Während meiner Zeit als Hausarzt in Nijmegen suchten mich regelmäßig Patienten auf, die individuelle Fragen mitbrachten wie beispielsweise: »Welche Bedeutung hat diese Krankheit für mich?«, oder »Wie kann ich selbst zu einer Heilung beitragen?«

In der ersten Frage geht es um die Suche nach dem verborgenen Sinn hinter Krankheiten oder Krisen. Auf der Suche nach Antworten kann man sich immer mehr in die Ursachen von Krankheiten vertiefen, wodurch man auf tiefer liegende Schichten des Verständnisses geführt wird. So habe ich mich zuerst eingehend mit den psychosomatischen Aspekten von Krankheit beschäftigt und diese gemeinsam mit einem Team ausgearbeitet. Hierbei wurde mir der Einfluss, den der Lebensstil, z.B. das Verdrängen von Konflikten oder noch nicht aufgearbeiteten Traumata aus der Vergangenheit auf die Gesundheit haben kann, bewusst. In einem weiteren Schritt öffnet sich dann eine neue Dimension, die mit der Frage: »Was möchte hier geboren werden?«, zusammenhängt. Es ist fruchtbar, Krankheiten auch unter dem Gesichtspunkt zu betrachten, dass sich etwas Neues in einem entwickeln möchte. Im Laufe des Lebens möchte sich immer mehr von dem Authentischen des Menschen offenbaren. Dieses Neue sucht sich seinen Weg durch die Widerstände, welche durch alte Muster und Verhaltensweisen gebildet werden. Der Versuch, da hindurchzubrechen, kann sich als Krankheit oder Krise ausdrücken.

In späterer Zeit war ich fasziniert von den »verrückten« Geschichten meiner Patienten. Ich wurde mit Fragen zu Erscheinungen konfrontiert, von denen ich noch nie etwas gehört hatte, oder man beschrieb Symptome, die ich im Zusammenhang mit psychischen Erkrankungen kannte, die nun jedoch bei völlig normalen Menschen auftraten. Wie sollte ich beispielsweise an das Problem herangehen, dass jemand das Gefühl hat, ein Loch im Rücken zu haben? Oder wie reagiert man beispielsweise auf einen an sich »normal funktionierenden« Menschen, der jedoch Stimmen hört oder Wesen sieht, die ich nicht sehen kann? Diese Fragen stellten für mich eine Herausforderung dar, meinen Horizont zu erweitern und diese Menschen in ihre Phantasiewelt zu begleiten, was eine gewisse Unbefangenheit von mir verlangte. Ich wusste nicht, wo ich letztlich landen würde oder wie ich die verschiedensten Symptome zu verstehen hatte. Aber mir war klar, dass irgendetwas nicht stimmte, denn diese Menschen litten unter ihren Problemen, die sie ganz offensichtlich nicht publik machten, um als interessant zu gelten. Im Gegenteil: Aus Angst davor, dass ich sie nicht ernst nehmen würde, behielten sie ihre Erlebnisse häufig lieber für sich.

So entstand in mir der Wunsch, diese verborgenen Welten, in denen sich ihre Beschwerden abspielten, genauer zu untersuchen.

Die Frage: »Wie kann ich selbst zu einer Heilung beitragen?«, eröffnete die Suche nach Übungen, die zu einer Stärkung bestimmter Fähigkeiten und Fertigkeiten der Menschen beitragen konnten. Über der Deutung verschiedener Beschwerden hinaus konnten die Patienten so anhand bestimmter Übungen den Heilungsprozess selbst anregen und unterstützen. Später kamen dann noch Meditationen hinzu.

Diese Sinnsuche spielte sich immer vor dem Hintergrund der Anthroposophie ab. Die Anthroposophie, wie sie zu Beginn des 20. Jahrhunderts durch Rudolf Steiner begründet wurde, ist eine Wissenschaft, welche das Geistige des Menschen und des Kosmos untersuchen möchte. Dabei geht sie zwar auf wissenschaftliche

Weise vor, benutzt jedoch andere Forschungsmethoden, als die Naturwissenschaften sie anwenden. Für mich stellte diese Herangehensweise eine Quelle an Übungen und Erkenntnissen dar. Mit manchen Erkenntnissen hatte ich meine Schwierigkeiten, bis ich immer mehr Aspekte, auf die die Schriften Steiners hinweisen, in den Berichten meiner Patienten wiedererkannte. Auf diese Weise lernte ich bestimmte theoretische Erkenntnisse in der Praxis von einer anderen Seite kennen. Sie wurden real! Die Beschäftigung mit den Übungen beinhaltete eine lange experimentelle Phase; vieles wurde in zahlreichen Seminaren immer wieder angewandt und erprobt. Dabei zeigte sich, dass sich viele Übungen in verschiedenen Variationen durchführen lassen und dass viele Stolperfallen darin enthalten sind. So stellte ich beispielsweise fest, dass es sehr schwierig ist, Übungen zu praktizieren, wenn man kein klares Ziel vor Augen hat. Wenn ich nicht weiß, wohin ich mit einer Übung gelangen, welche Situation in meinem Leben ich verändern will, ist auch keine Evaluation darüber möglich, ob sich mein Bestreben gelohnt hat.

Die Beschäftigung mit diesen Fragen führte dann dazu, dass ich das Buch *Vom Sinn der Hindernisse* verfasste. Dies stellte den ersten Anlauf dar und verlangte schon bald nach einer Fortsetzung. Dann stellte mir ein Freund die Frage: »Kannst du mir nun erklären, welcher Zusammenhang zwischen all diesen Übungen und der Anthroposophie besteht?« Die Suche nach einer Erklärung regte mich dazu an, weiterzuschreiben.

Um was geht es nun in diesem Buch? Ich werde versuchen, die Gesetzmäßigkeiten des Schulungsweges zu beschreiben: Das ist ein innerer Weg, den man beschreitet, um sich als Mensch weiterzuentwickeln. Diese Beschreibung wird in verschiedenen Schritten erfolgen.

Zuerst wird eine theoretische Auseinandersetzung mit den Hintergründen des Schulungsweges, besser noch, des modernen

Einweihungsweges erfolgen (diese Begriffe werden noch erläutert). Dann folgt die erste Reihe der Übungen unter dem Titel »Vor dem Schleier«, welche als Seelen-Hygiene zu betrachten sind. Diese Übungen können all diejenigen stärken, welche eine Verantwortung für die eigene innere Harmonie übernehmen möchten und größere Ordnung und Überschaubarkeit für ihren Alltag anstreben.

Im zweiten Teil unter dem Titel »Der erste Schleier« werden wir uns auf die Suche nach den verborgenen Wirklichkeiten der Seele begeben. Den Zugang hierzu bilden gewöhnliche Ereignisse aus dem Alltag, welche dadurch auffallen, dass sie ein höheres Maß an Emotionen hervorrufen, als auf den ersten Blick erklärbar ist. Häufig ist man verwirrt, findet diese Emotionen übertrieben und möchte sie gern wegrationalisieren. Sie sind jedoch ein Hinweis darauf, dass sich hinter einem Ereignis größere Dinge verbergen.

»Der zweite Schleier« handelt von der Meditation als Mittel zum Kennenlernen der geistigen Welt. In diesem Teil des Buches wird beschrieben, wie man eine Meditation aufbaut und wie man auf meditative Art die Welt des Geistes erforschen kann.

Im Zusammenhang mit der Entstehung dieses Buches habe ich den Arbeiten aus dem Bereich der Anthroposophie sowie dem reichen Erfahrungsschatz vieler Menschen, den ich mit ihnen teilen durfte, sehr viel zu verdanken. Beim Schreiben habe ich mich dafür entschieden, so viel wie möglich aus konkreten Erfahrungen im Umgang mit den Übungen und Meditationen zu berichten.

Der Weg hat gerade erst angefangen. Wo er mich wohl noch hinführen wird? Ich bin gespannt!

2 Kleine Tragödien

»Ich ärgere mich so sehr über dieses Schränkchen!«, sagte er. Wir standen im Badezimmer, er hatte gerade eine neues Schränkchen eines schwedischen Möbelhauses zusammengesetzt und lackiert. Es sah gut aus, aber irgendetwas daran versetzte ihn in einen erregten Zustand. Das Schränkchen war praktisch. Es war lackiert, aber nicht gut geschmirgelt, wodurch sich der Griff etwas uneben anfühlte, wenn man die Tür öffnete.

»Die Lackierung ist schlampig«, sagte er. »Ich habe es an einem Morgen lackiert, an dem ich gerade ein paar Stunden Zeit dafür hatte. Aber es kostete mich viel mehr Zeit, als ich eingeplant hatte, weshalb ich alles etwas schneller machen musste, als es eigentlich notwendig gewesen wäre, um mit dem Ergebnis zufrieden zu sein. Das ist typisch für mich. Lieber schnell und schlampig als viel Zeit daran zu verschwenden. Ich hasse diese Eigenschaft an mir! Ich ärgere mich jedes Mal darüber. Dieses dumme Schränkchen wird zu einer Art Symbol für mich: Ein Symbol für meine zu hastige Arbeit. Eigentlich stehen hier zwei Dinge in meinem Badezimmer: mein neues Schränkchen und ein Symbol für meine Schlamperei. Wenn ich das Schränkchen wieder entferne, bin ich zwar mein Symbol los, kann aber auch meine Sachen nirgends aufräumen. Und wenn ich es noch mal neu lackiere, kostet mich das wertvolle Zeit, die ich lieber in etwas anderes investiere.«

Ich konnte ihm nur zum Teil folgen. In meinen Augen war es ein gutes Schränkchen mit genügend Schubladen. Es war sehr praktisch für ein Badezimmer; die Griffe waren in der Tat etwas rau und fühlten sich nicht besonders gut an. Doch für ihn schien dieses Schränkchen etwas völlig anderes zu sein als für mich. Für mich war es ein Schränkchen mit einem rauen Griff, der sich nicht gut anfühlte. Für ihn war es eine Konfrontation mit sich selbst. Er brauchte nur kurz in den Spiegel zu blicken und sah etwas von sich selber, was ihm verhasst war.

Offensichtlich war dies nicht das erste Mal, dass er so etwas erlebte. Er wurde mit einer Gewohnheit konfrontiert, mit der er sich schwer tat. In so einer Situation kann die Frage auftauchen: »Wieso passiert mir das?« Oder deutlicher: »Wieso passiert mir das jetzt schon wieder?« Solche Fragen sind oft Stoßseufzer, die sich mit jedem wiederholten Auftreten immer dramatischer anhören. Die letzte Steigerung lautet: »Warum passiert eigentlich immer nur mir so etwas?« Je dramatischer die Formulierung, desto unnützer fühlt man sich. In der letzten Formulierung wird man zu einem Versager. Die Bedeutung, die ein Ereignis im Leben erhält, wird mit der Veränderung der sprachlichen Darstellung immer schwerwiegender.

Was macht dieses Schränkchen zu einer kleinen Tragödie? Er könnte sich natürlich sagen: »Ich sollte nicht so sehr übertreiben. Ich werde mich schon daran gewöhnen und damit ist dieses Thema abgehakt.« Er kann noch etwas anderes machen. Er kann sich die Tatsache vergegenwärtigen, dass es sich hier um zwei verschiedene Aspekte handelt, die seine Emotionen unter anderem deshalb außer Kontrolle geraten lassen, weil er sie nicht voneinander unterscheiden kann. Es sind zwei Realitäten zur gleichen Zeit im Spiel.

Auf der einen Seite steht die äußere Realität dieses Schränkchens. Die spielt im Hier und Jetzt und dreht sich nur um die Tatsache, dass es nicht gut geschmirgelt ist. Diese Realität ist sowohl für ihn als für mich exakt dieselbe. Auf der anderen Seite besteht eine innere Realität, die für ihn etwas ganz anderes ist als für mich. Seine innere Realität sagt: »Du begegnest dir selbst. Du hast die Angewohnheit, die Dinge schlampig zu erledigen und nicht in Ruhe fertig zu machen. Und du bist unzufrieden mit dieser Angewohnheit. Du schaust in den Spiegel und erlebst dies als eine schmerzliche Begegnung.« In dieser Realität ist das Schränkchen ein Symbol, das Symbol für die Angewohnheit, die Dinge nur schlampig zu erledigen. Immer wenn er das Schränkchen sieht, begegnet er dieser Doppeldeutigkeit: das Schränkchen als Möbel und als Symbol für eine Angewohnheit. Letzteres lässt die Situation tragisch erscheinen.

Mit so einer kleinen Tragödie kann man gut leben, sie verblasst von allein – bis zum nächsten Blick in den Spiegel. Denn hinter diesem Vorfall verbirgt sich etwas ganz Wesentliches, nämlich die Frage: »Wer bin ich eigentlich? Bin ich der Schlamper, der Dinge nie zu Ende bringt? Oder lege ich eigentlich großen Wert auf Exaktheit und bin deswegen immer so unzufrieden mit dem Ergebnis?« Dies ist eine sehr wesentliche Frage, die sich hinter vielen kleinen Vorfällen verbirgt, die uns aufregen. In unserer Zeit ist dies eine essentielle Frage, mit der wir uns oft herumschlagen.

"Wer bin ich denn eigentlich?«, ist nicht die einzige Frage. Es gibt eine zweite drängende Frage, die uns sehr beschäftigt, nämlich die Frage: »Was will ich denn eigentlich?«

Beide Fragen haben etwas mit dem Gehalt der Entwicklung unseres Lebens zu tun. Das Wort »eigentlich« deutet darauf hin, dass es beim Bewusstsein verschiedene Schichten zu unterscheiden gilt: Eine oberflächliche Schicht, in der man einigermaßen weiß, wer man ist und was man will, und eine tiefere Schicht, in der das Ureigene und Wesentliche verborgen liegt. Kleinere Vorfälle, die emotionsgeladener sind als andere, können einen auf die Tatsache hinweisen, dass es Unstimmigkeiten zwischen diesen beiden Schichten gibt, und dass man alle Hände voll zu tun haben wird, um diese zu ergründen.

Wie verhält es sich nun mit diesen Schichten?

3 Vor und hinter dem Schleier

Es können mehrere Realitäten nebeneinander existieren. In der beschriebenen Situation mit dem Schränkchen gab es zwei Realitäten: Eine, welche in der sichtbaren Welt eingeordnet werden kann, und eine, die eher dem Verborgenen der inneren Welt angehört. Diese Realitäten haben jeweils ihre eigenen Gesetzmäßigkeiten.

Die erste Welt kann man mit seinen normalen Sinnesorganen wahrnehmen. Man sieht Gegenstände und Ereignisse, hört Töne und kann Dinge ertasten. Man sieht, wie eine Pflanze wächst, wie sich ein Tier verhält und wie Menschen handeln. Es ist eine objektive Realität, in der man sich anhand seiner Sinnesorgane orientiert. Seh-, Hör-, Riech-, Geschmacks- und Tastsinn sind die Tore, durch die hindurch diese sinnliche Welt uns erreicht. Man kann sie ferner mittels Ausmessen und Wiegen untersuchen. Hilfsmittel wie ein Mikroskop, ein Geräuschverstärker und allerhand Messgeräte können dabei die Sinnesorgane unterstützen. Der Zeitverlauf in dieser Realität ist klar und deutlich: Es gibt die Gegenwart, davor kommt die Vergangenheit, danach die Zukunft. Was vorher war, gibt es nicht mehr und was später kommen wird, existiert noch nicht.

Da hindurch spielt eine andere Realität. Dies ist eine Welt, in der Bilder und Kräfte am Werk sind. In dem Beispiel mit dem Schränkchen ärgert sich jemand, weil er mit seiner eigenen Unfähigkeit konfrontiert wird – in diesem Fall mit der Unfähigkeit, etwas mit der dafür erforderlichen Sorgfalt fertigzustellen. Die schmerzlichen Momente dieser Unfähigkeit drängen sich immer wieder in die Gegenwart, die Vergangenheit ist also im Hier und Jetzt anwesend. Daneben existiert auch die Vorstellung, wie der Schrankbesitzer in Zukunft vorgehen könnte, nämlich sorgfältiger. Somit ist auch die Zukunft im Hier und Jetzt. Zwei völlig verschiedene Bilder befinden sich zur gleichen Zeit in seiner Seele. Daneben existieren noch ein Gefühl von Ärger, seine Meinung, es nicht gut gemacht zu haben, und Enttäuschung darüber, dass ihm so etwas schon wieder passiert ist. Vielleicht auch ein Gefühl der Scham.

Die zweite Welt ist auch eine Welt der Kräfte. Kräfte in Form von Meinungen, Erwartungen, Emotionen, Impulsen. Diese Realität ist nicht mit den normalen Sinnesorganen wahrnehmbar, dennoch ist sie spürbar. Es erfordert eine andere Form von Bewusstsein, wenn man diese Welt wahrnehmen will, man muss sie sich intensiv bewusst machen. Diese Realität verbirgt sich sozusagen hinter einem Schleier. Wenn ich versuche, mir diese beiden Realitäten vor Augen zu halten, vergleiche ich mich immer mit dem Wetterberichterstatter aus den Nachrichten. Der steht da und erzählt, welches Kräftespiel das Wetter beeinflusst. Bei seiner Berichterstattung geht es nicht darum, inwiefern diese Kräfte auf unsere Innenwelt einwirken, es geht ausschließlich um die äußere Welt. Hoch- und Tiefdruckgebiete, Luftfronten und Meeresströmungen bestimmen gemeinsam, wie das Wetter wird. Es ist ein sehr subtiles Geschehen, bei welchem die verschiedensten Kräfte einander beeinflussen. Das ist auch der Grund dafür, dass das Wetter selten für eine längere Zeit genau vorhersagbar ist. Kräfte, die hinter der sichtbaren Welt verborgen liegen, verursachen, was in dem äußerlich Sichtbaren geschieht. Ein Sturm zeigt beispielsweise, wie in einem Moment ein Tief- und ein Hochdruckgebiet aufeinandertreffen. Dies allein ist noch berechenbar, das Phänomen selbst jedoch nicht. In der inneren Welt könnte man vergleichsweise von einem »innerlichen Wetter« sprechen. Dort sind ebenfalls Kräfte wirksam. Diese beeinflussen einander gegenseitig, und das Ergebnis dieser Wechselwirkungen wird im Verhalten sichtbar.

Im Verhalten meiner Katze beispielsweise kann ich auch das Wirken verschiedener Kräfte ablesen: Sie liebt die Behaglichkeit, was vor allem dann sichtbar wird, wenn sie in der Sonne liegt und vor sich hin döst. Doch wenn es windet und die Blätter herumgewirbelt werden, gewinnt ihr Übermut die Oberhand und jagt sie hinter den Blättern her. Erspäht sie eine Maus, geht eine völlige Veränderung mit ihr vor. Der Jagdinstinkt verdrängt sofort allen Übermut und lässt sie »unsichtbar« werden: Ihre ganze Aufmerksamkeit gilt der Maus, und jede Bewegung wird äußerst behutsam ausgeführt. Begegnet sie einer anderen Katze, plustert sie sich auf, um Eindruck zu schinden und die andere zu verscheuchen. Der ganze Katzenleib ist darauf ausgerichtet, die typischen Katzenkräfte in ihrer ganzen Perfektion zur Geltung kommen zu lassen. Immer findet im Inneren eine Wechselwirkung zwischen den spezifischen Katzenkräften statt. Abhängig davon, wie diese innere Wechselwirkung ausgeht, wird ein bestimmtes Verhalten sichtbar: Wenn sie gerade gegessen hat, fühlt sie sich müde und träge. Wenn dann der Wind die Blätter im Garten herumwirbelt, gewinnt ihr Übermut selten die Oberhand, ihr Territoriumsinstinkt hingegen schon! Natürlich ist dies alles auch von Katze zu Katze unterschiedlich. Ebenso kann man auch andere Tiere betrachten. Jede Tierart hat ihr eigenes Zusammenspiel der Kräfte, das bei einer Katze anders als bei einer Kuh, bei einer Kuh wiederum anders ist als bei einem Schaf.

Beschreibt man die objektive, sinnliche Realität, verwendet man in der Regel Termini, die sich an Fakten und Ereignissen orientieren. Die Darstellung der verborgenen Welt der Kräfte dagegen verlangt nach einem anderen Vokabular. Früher vermittelte man diese Welt in Form von Märchen, Fabeln und Mythen. In diesen Erzählungen wurden die verschiedenen Kräfte jeweils in Gestalt einer Person oder eines Tieres verankert, wie wir es beispielsweise von Ovid her kennen. Die Interaktion zwischen ihnen ergab die Dramaturgie der Geschichte. Auch Träume spielen sich in dieser

Form ab. Wir können einen Traum so betrachten, als nähmen in ihm verschiedene Anteile von uns die Gestalt von Menschen oder Landschaften an, zwischen denen eine rege Wechselwirkung besteht.

Es ist sehr schwierig, sich diese verborgene Welt der Kräfte leibhaftig vorzustellen. Wir sind es gewohnt, räumliche Vorstellungen von der Welt zu haben, Gegenstände und Körper sehen wir mit unseren Sinnesorganen, die hinter ihnen waltenden Kräfte jedoch nicht. So nehmen wir nur ihre Wirkungen in den mit unseren Sinnen wahrnehmbaren Formen wahr. Wir sehen zwar die Katze, die vor einer anderen Katze buckelt, die Erregung an sich sehen wir jedoch nicht. Um diese Kräfte unmittelbar wahrnehmen zu können, benötigt man andere Sinnesorgane als die, mit denen man Objekte und Formen wahrnimmt. Von der Entwicklung dieser Sinnesorgane wird später die Rede sein.

Diese zwei verschiedenen Welten sind nicht voneinander zu trennen, sie lassen sich aber voneinander unterscheiden. Sie sind immer zur gleichen Zeit und gemeinsam wirksam und beeinflussen sich gegenseitig.

Für das Erleben dieser beiden Realitäten besitzen wir einerseits einen äußeren physischen Leib und andererseits eine innere Erlebniswelt – letztere kann man auch mit dem Begriff »Seele« andeuten.

Der Leib ist Teil der sinnlich wahrnehmbaren Welt, man kann ihn sehen, wiegen und abmessen. Was die innere Erlebniswelt betrifft, ist man Teil der Seelenwelt bzw. der Welt der Kräfte.

Die leiblichen Funktionen sind die Grundlage dafür, dass sich die Kräfte entfalten können. Die Kräfte gestalten den Körper zu einem ihnen angepassten Ganzen. Beide Instanzen wirken gegenseitig aufeinander ein und man benötigt eine gewisse Geistesgegenwart, um unterscheiden zu können, was sich wo abspielt.

Wenn man sich der Unterschiede zwischen diesen beiden Welten bewusst wird, kann man schnell das Gefühl bekommen, eigentlich zwei Leben in diesen zwei Realitäten zu führen, eines in der äußeren sichtbaren Welt, das andere in der inneren Welt der Kräfte. Wenn man auf seine äußere Biografie zurückblickt, sieht man, was man bereits vollbracht hat, indem man es anhand von Fakten beschreibt. Man erzählt beispielsweise, wo man gewohnt hat, zur Schule gegangen ist und welche Jobs man hatte. Oder man betrachtet alte Fotos und sieht, wie man sich körperlich im Laufe der Jahre verändert hat. Aus dem kleinen Baby von früher ist ein erwachsener Mensch geworden!

In den Bereich der inneren Biografie gehören dagegen die Erfahrungen, die man in seinem Leben gesammelt hat. Diese Welt ist es, die mich an eine unbeschwerte Kindheit und Jugend oder bereits früh erlebten Schmerz erinnert.

Die äußere Tatsache des nicht sorgfältig bearbeiteten Schränkchens beinhaltet keinerlei Erfahrung einer Enttäuschung. In dem inneren Leben ist dies dagegen eine Geschichte, in der jemand mit seiner Angewohnheit, die Dinge nicht sorgfältig zu Ende zu bringen, konfrontiert wird und darüber sehr enttäuscht ist. Diese Geschichte beinhaltet kein Schränkchen! So überschneiden sich diese zwei Lebensbereiche. Die sinnlich wahrnehmbare Welt beruht auf Fakten, die Seelenwelt füllt diese mit Emotionen. Wenn man diese beiden Realitäten nicht voneinander unterscheidet, besteht die Gefahr, dass man die Emotionen der inneren Welt auf das Geschehen in der äußerlich wahrnehmbaren Welt projiziert. Dies hat jedoch nur Verwirrung zur Folge.

Du erwachest in deiner Seele,
wie du geformt wurdest durch dein Leben,
wie du erweckt wurdest durch deine Erfahrungen.

Du erwachest in der Welt,
im Körper deines diesmaligen Lebens,
in der materiellen Umgebung, die du dir schufst.

Zwei Leben bilden sie dir.

Erwache in deiner Seele,
lerne sie lenken
und bilde sie nach deinem eigenen Bilde.

Erwache in der Welt
und verrichte dort deine Arbeit.

J.v.d.W.

Das Ich

Die Instanz, welche diese zwei Leben lenkt, ist das »Ich«. Es besitzt die Fähigkeit, diese beiden verschiedenen Realitäten betrachten zu können. Es kann Abstand dazu einnehmen und sich seiner dadurch bewusst werden.

Seinen eigenen Körper kann man wahrnehmen, denn er ist konkret spürbar und somit ein Teil der physischen Realität. Dieser Körper verändert sich im Laufe des Lebens. Alle sieben Jahre werden (fast) alle Stoffe materiell erneuert und auch die Struktur und die Form verändern sich noch wesentlich. Doch das Ich bleibt immer gleich. Man betrachtet sich im Spiegel und sieht seine Eigenschaften und Neigungen. Dadurch nimmt man Anteil an der Welt der Kräfte und ist zugleich auch Teil jener Welt. Auch der Inhalt der Seele verändert sich noch wesentlich im Laufe des Lebens: Als Kind war man vielleicht von anderen abhängig, verspielt und kreativ, als Teenager aufbrausend und idealistisch. Während man erwachsen wurde, hatte man vielleicht ein leicht reizbares Wesen, doch das hat sich allmählich geändert. Dabei ist man immer noch das gleiche Ich. Das Ich ist die Konstante während der ganzen Veränderungen des Körpers und der Seele. Es ist das Element, welches den Überblick behalten und lenken kann und somit einerseits der Teil des Menschen, der sein Wesen bestimmt, und zugleich der Teil, von dem aus der Impuls zur Weiterentwicklung ausgehen kann. Denn etwas von einer höheren Ordnung muss ja die Führung übernehmen, um auf einer niedrigeren Stufe etwas verändern zu können. Das Ich ist der göttliche Kern des menschlichen Wesens.

Es ist nicht dem Körper zuzuordnen, denn es kann sich völlig frei dazu entschließen, einer bestimmten Neigung des Körpers nicht nachzugeben. Beispielsweise beim Fasten, wenn der Körper das Signal zum Essen gibt, entscheidet sich das Ich aufgrund seiner Erwägungen anders. Das Ich ist auch kein Teil dessen, was sich in der Seele abspielt, denn auch auf die Seele kann das Ich aus seiner Freiheit heraus Einfluss nehmen. Das Ich ist mit der Seele verbunden, so wie die Seele mit dem Körper verbunden ist. Wenn man im Menschen diese drei Instanzen unterscheidet, kann sich einem dabei die Frage aufdrängen, ob das Ich und die Seele auch losgelöst vom Körper existieren können. Die Antwort kann eine Hypothese über ein Leben nach dem Tod sein. Von hier aus ist der Schritt zur Vorstellung von Reinkarnation nicht mehr weit.

Die geistige Welt

Das Ich lebt in der Seele und ist dort der zentrale Punkt. Aufgrund der Tatsache, dass es das Ich gibt, kann man sich erst seiner selbst bewusst werden. Es ist der ruhende Pol in uns, allen Unruhen in der Seele zum Trotz. Wenn man sich dieses Ichs bewusst wird, drängt sich einem die Frage auf: »Woher kommt dieses Ich? Und wenn der Körper Teil der sinnlich wahrnehmbaren Realität und die innere Welt Teil der Seelenwelt ist, zu welcher Realität gehört dann das Ich?«

Eine andere Frage, welche in die gleiche Richtung geht, lautet: »Wo haben die physische Welt und die Seelenwelt ihren Ursprung? Gibt es noch eine andere Ordnung, die sich hinter den Phänomenen der Welt der Kräfte verbirgt und die auch Auswirkungen haben kann, so wie die Welt der Kräfte sich auf die sinnlich wahrnehmbare Welt auswirken kann?«

Man kann auf den Gedanken kommen, dass neben den genannten zwei Realitäten noch eine dritte existiert. Im Rahmen dieses Buches nennen wir diese dritte Realität die »geistige Welt«. Diese Welt muss man sich wie von schaffenden Wesen bevölkert vorstellen, welche als Erzeuger hinter den zwei anderen Welten stehen und auf diese einwirken. Auch die Kräfte, Emotionen, Ideale und Sehnsüchte haben dort ihren Ursprung.

Über das Für und Wider der Existenz einer solchen geistigen Welt wurde natürlich schon viel diskutiert. Im Rahmen dieses Buches stellen wir die Existenz dieser Welt als Hypothese dar. Im Folgenden sollen viele Übungen gezeigt werden, anhand derer Ihnen bewusst werden wird, ob eine solche Welt für Sie überhaupt relevant ist.

Es ist hilfreich, sich ein eigenes Bild von dieser geistigen Welt zu machen. Danach werden wir uns im Verlauf dieses Buches denn auch auf die Suche begeben. Dabei können wir daraus lernen, wie beispielsweise antike Kulturen diese Welt betrachteten. Im alten Griechenland oder Ägypten war man sich der Existenz von geistigen Wesen, die man Götter nannte, noch bewusst. In Mythen wird beschrieben, wie diese Götter die ganze Welt mit allen dazugehörenden Kräften erschaffen haben. Sie erzählen auch davon, wie sie die Welt der Menschen lenkten und wie die Menschen sich durch sie inspirieren und leiten ließen. Die Götter begründen ihre Existenz in der Schöpfung und der Weiterentwicklung der Menschheit. Diese große Aufgabe ist für uns Menschen schwer fassbar und wir können nur einen geringen Teil davon erkennen, wenn wir versuchen, uns dessen bewusst zu werden.

Im christlichen Glauben bezeichnete man diese Wesen unter anderem als Engel oder Erzengel. Im modernen spirituellen Sprachgebrauch ist oft die Rede von Energien oder Entitäten. Egal welchen Namen man nun verwendet, es handelt sich immer um Wesen, die keinen physischen Körper besitzen, den man mit unseren normalen Sinnesorganen wahrnehmen könnte. Sie haben jedoch eine eigene Identität, von der aus sie die niedrigeren Welten lenken können.

Für viele Menschen ist es schwierig, so zu denken. Sie argumentieren: Wenn es einen Gott (oder Götter oder Entitäten) gibt, warum lässt er dann all diese Dinge zu, die täglich geschehen? Wenn ich diese Frage nicht aus Verzweiflung stelle, sondern wirklich nur als Frage, komme ich zu folgendem Ergebnis: Gott befindet sich in einem Dilemma im Umgang mit uns Menschen. Er sieht uns als selbstständige, freie Wesen an, die erwachsen geworden sind. Das bedeutet, er muss Dinge geschehen lassen, die er nicht gutheißt, weil er unseren Status des Erwachsenseins respektieren möchte. Dies ist vergleichbar mit der Rolle, die Eltern ihren gerade erwachsen gewordenen Kindern gegenüber haben. Auch diese Kinder können in ihren ersten Erwachsenenjahren Dinge tun, die man als Elternteil ablehnt. Man weiß aufgrund der eigenen Lebenserfahrung, dass das, was sie da tun, schief gehen und verheerende Folgen haben kann. Dennoch ist man sich dessen bewusst, dass sie ihr eigenes Leben führen und ihre eigenen Erfahrungen sammeln müssen. Und weil man das respektiert, muss man ihnen die Entscheidung überlassen. Man weiß, dass sie mit den Folgen ihrer Taten konfrontiert werden, die sie später ausgleichen müssen. Das gleiche Dilemma erlebe ich in Bezug auf Gott. Gottes Bewusstsein umfasst andere Zeitdimensionen. Sein Bewusstsein reicht weit über die Grenzen des Lebens hinaus. Die Konsequenzen des einen Lebens haben auch Einfluss auf ein anderes. Dies nennt man das Gesetz des Karma, wobei Karma die Konsequenzen andeutet. Das ist das Dilemma von Freiheit und Verantwortung.

Auf der anderen Seite *wartet* Gott auf uns. Er erwartet, dass wir aus freien Stücken zu ihm kommen.

Wer mit dem christlichen Glauben aufgewachsen ist, weiß, dass dieser seinen Ursprung im Monotheismus d.h. Eingottglauben hat. In antiken Kulturen war das anders, denn man sah in der Geisteswelt eine große Vielfalt von wirkenden Wesen. Jedes trug auf seine Weise und seiner Fähigkeit entsprechend zum Fortschritt der Menschheit bei. Im christlichen Glauben ist auch noch die Rede von »Helfern« in Form von Engeln oder Erzengeln. Ihre Rolle ist kaum definiert. Vielleicht müssen wir uns beim Untersuchen der geistigen Welt daran gewöhnen, dass wir sehr viel mehr Wesen aus dieser Sphäre kennen lernen und

benennen werden können, als wir es jetzt gewohnt sind. Dann entsteht eine neue Form von Polytheismus.
Ich glaube, dass jeder Mensch schon Erfahrungen mit dem Göttlichen gemacht hat. Nur sind wir es nicht gewohnt, es als solches zu betrachten. Wenn ich in meinem Arbeitsalltag Menschen diesbezüglich befragte, bekam ich fast immer eine positive Antwort. Es sind vor allem solche Erlebnisse, welche einem still und leise widerfahren, außerhalb vom Rampenlicht des Lebens. Man erlebt sie als etwas ganz Besonderes, es macht einen betroffen oder gerührt, man fühlt sich einen Moment lang vom Alltag losgelöst. Die Nahtoderfahrung gehört ebenso hierher wie die Begegnungen mit Engeln, von denen Menschen berichten. Aber auch kleine Ereignisse zählen dazu, wie beispielsweise das Erleben von Schönheit in der Natur oder das plötzliche Gerührtsein, wenn man beispielsweise erlebt, wie ein Kind den ersten Schritt macht.

Diese Erlebnisse gehen häufig im Alltag unter. Schade daran ist, dass die Wirkung, die von solchen Momenten ausgehen könnte, verloren geht. Sie können eine gewaltige stimulierende Energie verleihen. Oft werden sie vergessen, weil sie für sich stehen, sich von den anderen Erfahrungen abheben und weil eine gewisse Scheu im Umgang mit ihnen besteht. Sie scheinen nicht richtig zu den Gepflogenheiten unserer Kultur zu passen.

So wie neue Sinnesorgane benötigt werden, um die Seelenwelt und die darin wirkenden Kräfte wahrzunehmen, benötigt man auch neue Sinnesorgane, um in die geistige Welt Einblick zu erhalten. Man könnte fragen: »Wieso besitzen wir solche Sinnesorgane dann nicht bereits?« Sie sind zwar angelegt, können aber in der heutigen Zeit nicht mehr spontan genutzt werden. In unserer Kultur werden diese Sinnesorgane zu wenig weiterentwickelt. Es verhält sich damit wie mit den Muskeln: Wenn man sie nicht benutzt, entwickeln sie sich schlecht.

Seit der Renaissance entwickeln wir vor allem die physischen Sinnesorgane und das damit zusammenhängende Denken weiter. Nach dem Mittelalter begann man, die Phänomene »objektiv« zu betrachten und zu untersuchen. Zuvor erlebte man die Welt auf eine andere, eher magische Art. Und in noch älteren Kulturen, in der Zeit, als die Mythen entstanden sind, waren diese Sinnesorgane zur Wahrnehmung der geistigen Welt bei einigen Menschen noch sehr rege wirksam. Man war im Stande, mit Hilfe des so erworbenen Wissens das Land zu regieren und seiner Kultur neue Impulse zu geben. Die Entwicklungsrichtung, die die Menschheit eingeschlagen hat, hat das Interesse immer stärker auf die materielle Welt ausgerichtet. Das hat eine Wissenschaft, wie wir sie jetzt haben, hervorgebracht. Der Preis dafür war, dass die Sinnesorgane zur Wahrnehmung des Geistigen immer mehr in den Hintergrund gedrängt wurden.

Man sieht überall, wie in der heutigen Zeit das Geistige seine Aktualität wiedererlangt. Das bietet auch die Möglichkeit, die Sinnesorgane zur Wahrnehmung der geistigen und der Seelenwelt erneut in Angriff zu nehmen und zum Leben zu erwecken.

Es gibt also drei Welten mit ihren jeweils eigenen Gesetzmäßigkeiten. Sie überschneiden und beeinflussen sich gegenseitig. Als Mensch nimmt man an allen drei Welten teil: Den Körper betreffend an der physischen Welt, die Seele betreffend an der Welt der Kräfte, und das Ich betreffend an der geistigen Welt. Die Seelenwelt ist der Vermittler zwischen physischer und geistiger Welt. So lässt sich also die Seele in zwei Bereiche unterscheiden. Der eine Bereich ist eng mit den Sinnesorganen verbunden und stark auf die physische Welt ausgerichtet. Dort sind die Meinungen und Vorstellungen darüber zu finden, wie der Alltag zu laufen hat, sowie die Emotionen als Reaktion auf das, was um einen herum passiert. Der andere Bereich der Seele ist auf das Geistige ausgerichtet. Wegen seiner Ausrichtung auf den Kosmos kann man diesen Bereich der Seele auch die »große Seele« nennen, oder auch die »weite oder leichte Seele«. Den auf die Erde ausgerichteten Teil der Seele kann man auch die »kleine Seele«

oder die »enge oder dichte Seele« nennen. Bei kleinen Kindern überwiegt die große Seele noch. Das konnte ich anhand des folgenden Beispiels feststellen: Als ich meinen Kindern auf die Frage, woher denn die kleinen Kinder kommen, eine fachlich fundierte Erklärung gab, blickten sie mich mit großen Fragezeichen in den Augen an. Die Erklärung, dass sie zuerst in den Wolken sind und dann auf die Erde herunterkommen, verstanden sie sofort. Damit war die Frage, wohin jemand nach seinem Tode geht, ebenfalls beantwortet!

Es sind sehr spezifische Methoden gefragt, um erkennen zu können, inwiefern man an diesen verschiedenen Welten teilhat. In Abhängigkeit von unserem Handeln spielt jeweils die eine oder die andere Realität eine dominantere Rolle in unserem Leben oder in einer bestimmten Situation.

4 Schulungsweg – Einweihungsweg

Wir leben in drei verschiedenen Welten. Der einen sind wir uns vielleicht eher bewusst als der anderen, weil sich unser Bewusstsein damit mehr beschäftigt. Unsere Kultur ist hauptsächlich auf die materielle Welt ausgerichtet, über die wir bereits tiefe Erkenntnisse gewonnen haben. Von frühester Kindheit an richten wir unsere Aufmerksamkeit auf die materielle Welt, zu Lasten unserer Aufmerksamkeit für die Realität der Seelenwelt und der geistigen Welt. Unsere physischen Sinnesorgane werden viel beansprucht, die Sinnesorgane zur Wahrnehmung von seelischen Prozessen oder der geistigen Welt sind auf der Strecke geblieben.

Diese Wahrnehmungsorgane können jedoch entwickelt werden. Dann entsteht eine Offenheit für höhere Bewusstseinsebenen. Der Weg, um die Sinnesorgane für die Seelen- und geistige Welt zu wecken, ist ein Schulungsweg, bei welchem es darum geht, Erkenntnisse zu gewinnen und Fähigkeiten zu entwickeln. Ich bezeichne diesen Weg lieber als Einweihungsweg, weil man nach und nach in die Geheimnisse der verborgenen Welt eingeweiht wird. Diese Realitäten heißen deshalb Geheimnisse, weil sie nicht mit den normalen Sinnesorganen wahrnehmbar sind. Sie verbergen sich hinter dem Schleier der sinnlich wahrnehmbaren Welt. Wenn sich die dazu notwendigen Sinnesorgane entwickelt haben, wird dieser Schleier allmählich transparent und die Geheimnisse werden sichtbar. Im Verlaufe des Einweihungsweges geht es nicht nur darum, sich der geistigen Welt gegenüber zu öffnen, damit sie in einem wirksam werden oder man als Medium Botschaften empfangen kann. Das Ziel ist, sich als Mensch dahingehend zu verändern, dass man sich von der zu engen Bindung an die materielle Welt befreien kann, damit man die Seelenwelt und die geistige Welt wahrzunehmen beginnt und auf die gleiche Weise mit den Wesen dieser Welten umgehen kann. Letztendlich geht es darum, dass man aufgrund der Kenntnis von den Zielen dieser Wesen in ihrem Namen an der Weiterentwicklung der Menschheit und der Erde mitwirken kann.

Das Erreichen dieses Zieles ist ein langer Weg. Es geht hier nicht um kurzfristige Effekte, sondern um die Entwicklung höherer menschlicher Möglichkeiten in einem weitaus größeren Zeitraum, als wir überschauen können.

In den antiken Kulturen wie beispielsweise Griechenland oder Ägypten waren die Fähigkeiten zur Wahrnehmung der geistigen Wesen von Natur aus stark entwickelt. Die griechischen und ägyptischen Priester, allen voran der Pharao, wurden dazu ausgebildet, mit ihren Göttern zusammenzuleben. Sie waren der Inspiration dieser Götter gegenüber aufgeschlossen und konnten mit ihrer Hilfe ihr Land regieren. Von alters her waren daher das Amt des Priesters und des Königs nicht voneinander zu trennen. Diese Trennung wurde erst vollzogen, als die Fähigkeit, Einblick in die geistige Welt zu haben und mit der Hilfe geistiger Weisheit das Land und das Volk zu regieren, größtenteils verlorengegangen war. Dies fällt ungefähr in die gleiche Zeit, in der das philosophische Denken aufkam. Diese beiden Entwicklungen sind Ausdruck dessen, dass die Menschen sich immer stärker an der materiellen und weniger an der Götterwelt orientierten, der gegenüber man sich allmählich verschloss.

In der damaligen Zeit war die spirituelle Gabe der Priester meist genetisch veranlagt. Es war üblich, dass Priester und Pharaonen innerhalb ihrer Familie heirateten, um so die Erbanlagen zu erhalten. Wer Priester werden wollte, musste sich einer jahrelangen Ausbildung unterziehen, während der man über die Gesetze der geistigen Welt unterrichtet wurde. Die alten Priester berichteten, was sie gelernt, erlebt und herausgefunden hatten, die Schüler wurden mit anspruchsvollen Übungen und Meditationen konfrontiert, um sich neue Fähigkeiten anzueignen, die im Umgang mit diesen Welten notwendig waren. Schließlich mussten sie sich Mutproben unterziehen, um die innere Kraft zu stärken, welche für das Beschreiten dieses Weges erforderlich war. Eine solche Ausbildung konnte sich über Jahrzehnte erstrecken.

Charakteristisch für diese Ausbildung war, dass der Schüler sich gehorsam den Anordnungen seines Lehrers fügte. Der eigene Wille musste ausgeschaltet werden, damit er dem Weg seines Lehrers genauestens folgen konnte. So entwickelte er höhere Bewusstseinsfähigkeiten, musste jedoch dafür einen großen Teil seiner eigenen Individualität aufgeben.

Auch in unserer Zeit beschreitet jeder Mensch einen Schulungsweg. Dieser beginnt schon früh damit, dass wir eingeschult werden – jeder Unterricht hat zum Ziel, bestimmte Erkenntnisse und Fähigkeiten zu entwickeln. Dies geschieht immer auf Kosten anderer Fähigkeiten, die zwangsweise »auf der Strecke« bleiben. Heutzutage liegt der Schwerpunkt auf der Entwicklung eines analytischen und mathematischen Denkens. Vielfach kann man den Eindruck gewinnen, Kunstverständnis oder die Vermittlung von Ehrfurcht spielen nur eine nebensächliche Rolle. Die intellektuelle Entwicklung droht gegenüber der emotionalen die Vorherrschaft einzunehmen, auch wenn es seit einigen Jahren engagierte Forschungen zum Thema »emotionale Intelligenz« gibt. Rückblickend auf meine medizinische Ausbildung erkenne ich auch hier einen Schwerpunkt auf der Vermittlung von Fächern wie Physik, Chemie oder Anatomie sowie auf der Rolle von Bakterien und Viren als Krankheitsauslöser und ihrer Bekämpfung mit chemischen Substanzen. Dabei blieben Bereiche wie Psychologie, Ethik, die Gesetzmäßigkeiten der Biografie oder der Sinn von Krankheiten auf der Strecke. So wird aufgrund der Ausbildung heutiger Mediziner eine einseitige Heilkunst gefördert – auch ein solcher Schulungsweg dauert Jahrzehnte lang. Charakteristisch für moderne Schulungswege ist, dass der Lehrer den Weg vorgibt, das Ausüben eines Berufes aber danach in eigener Verantwortung übernommen und somit dem individuellen Einsatz ein entscheidender Stellenwert eingeräumt wird.

Wie kann man in der heutigen Zeit den Einweihungsweg zur Entwicklung höherer Wahrnehmungsorgane betrachten? Die Möglichkeiten, einen solchen Einweihungsweg zu beschreiten, haben im letzten Jahrhundert zugenommen. Die Frage nach der persönlichen Spiritualität tritt verstärkt auf und die Zahl der Publikationen zu spirituellen Themen ist in den vergangenen Jahrzehnten stetig angewachsen. Sind dies Zeichen dafür, dass sich das Tor zur geistigen Welt weiter geöffnet hat?

Die Voraussetzung für das Beschreiten eines Einweihungsweges ist, dass man dazu bereit ist, die mögliche Existenz einer geistigen Welt in sein Denken aufzunehmen. Es werden, wie bei jedem Studium, Durchsetzungsvermögen und Übung verlangt. Eine gute Verbundenheit mit dem Alltag (»Bodenhaftung«) und Sicherheit bei der Bewältigung der alltäglichen Pflichten und Herausforderungen sind weitere Voraussetzungen. Denn wenn man sich im Alltag nicht behaupten kann, ist das in der sehr viel dynamischeren geistigen Welt noch weniger möglich.

Bei dem modernen Einweihungsweg geht es darum, zu lernen, sich von dem normalen Bewusstsein, welches sich an Materiellem orientiert, zu lösen, um sich höheren Welten zuwenden zu können. Zuerst wird sich das Ich von seiner zu starken Bindung an die »kleine Seele« lösen. Man darf sich nicht von Dingen wie Macht, Besitz, Hunger, Durst oder Sexualität bestimmen lassen. Das bedeutet nicht, dass man diesen Dingen abschwören muss, aber man darf sich nicht von ihnen abhängig machen. Dann wird man imstande sein, die »große Seele« allmählich zu stärken und auf diese Weise beginnen, die Seelenwelt und in einem weiteren Schritt auch die geistige Welt wahrzunehmen. Auf jeder

Stufe müssen Fähigkeiten ausgebildet werden, die für den Umgang mit diesen Welten erforderlich sind.

Bei diesem Stadium des Einweihungsweges gibt es keinen Lehrer mehr, der genau angibt, was man wann und wie zu tun hat. Vieles bleibt der eigenen Verantwortung und dem eigenen Durchsetzungsvermögen, der Konsequenz im Verfolgen des Weges überlassen, worauf die großen spirituellen Lehrer – gleich welcher Religion oder Weltanschauung – auch deutlich hinweisen. Aus diesem Grund gelangt man nur als selbstständiges Individuum von Schleier zu Schleier.

Kandinsky

Während der Wende vom 19. zum 20. Jahrhundert war auf mehreren Gebieten ein Bewusstwerden des Einweihungsweges zu beobachten. So beschrieb Rudolf Steiner einen solchen Weg zunächst aus der Sicht der Theosophie, später dann unter dem Namen Anthroposophie.

Zur gleichen Zeit trat auch der Künstler Wassily Kandinsky auf. Nach seiner Ausbildung zum Volkswirtschaftler und Juristen beschlichen ihn Zweifel ob der Genauigkeit dieser Wissenschaften. Anlass dazu gab die Entdeckung der Röntgenstrahlen: Diese Strahlen entstehen aufgrund des Zerfalls von Materie. Die Materie wird in Strahlung, in Energie umgewandelt. Kandinsky schlussfolgerte daraus, dass die Materie wohl doch kein so fester Boden sei, wie er bisher immer angenommen hatte. Dies führte schließlich dazu, dass er den Schritt zu seiner zweiten großen Liebe wagte: der Malerei.

In Kandinskys Werken können wir erkennen, wie er verschiedene Phasen durchgemacht hat, die meines Erachtens einen Weg ausdrücken, der an das bisher Besprochene anschließt. Nach seiner ersten Ausbildung als Zeichner malte er vor allem

Landschaftsbilder. Eines davon ist als Abbildung 1 im Farbteil nach S.160 abgebildet: *Alte Stadt 2,* ein Gemälde von 1902. Der Stil ist hier eher impressionistisch, d.h. die Darstellung der alten Stadt, wie der Maler sie in der Außenwelt wahrnahm, wird nicht exakt wiedergegeben, sondern aufgrund seines inneren Erlebens subjektiv eingefärbt. Dadurch beginnen sich Außen- und Innenwelt zu vermischen. Dies ist nicht der Fall auf dem Foto des Innenraumes der Kathedrale von Chartres (Abb. 2): Das Foto ist eine exakte Wiedergabe. Vor dem Impressionismus war dies der vorwiegende Stil der Malerei. Später ist in Kandinskys Werken erkennbar, dass sich das Verhältnis zwischen Innenwelt und Außenwelt zu einem deutlichen Überwiegen der Innenwelt hin verändert. In seinem Werk findet eine Wandlung vom Impressionismus zum Expressionismus hin statt. Ein Beispiel dafür ist sein Gemälde *Lyrisches,* entstanden 1911 (Abb. 3). Auf diesem Bild ist noch erkennbar ein Pferd mit einem Reiter dargestellt, doch es sind vor allem Geschwindigkeit und Bewegung, welche mittels Farbe und Komposition wiedergegeben werden. Noch etwas später wird Kandinsky allmählich bewusst, dass es möglich sein muss, auch ohne bildhafte Vorstellung malen zu können, nur noch mit Farbe, Dynamik und Komposition, ohne jegliche bildliche Darstellung. Diese Idee trägt er eine Weile mit sich herum, bis er an einem dämmrigen Abend in sein Atelier kommt und dort eines seiner Gemälde stehen sieht, das jeglicher gegenständlichen Vorstellung entbehrt. Gerührt von diesem Erlebnis werden seine letzten Zweifel, die ihn an dem Versuch, so zu malen, noch gehindert hatten, endgültig beiseite geräumt. Was war passiert? Er sah eines seiner eigenen Gemälde, in dem er nichts Figürliches mehr erkennen konnte, weil es nicht richtig herum auf dem Boden stand! Das war der Beginn seiner abstrakten Periode – und damit der abstrakten Kunst. Ein Beispiel dafür ist das Gemälde *Bild mit schwarzem Bogen* von 1912 (Abb. 4). Wenn ich diese Entwicklung durch die verschiedenen Perioden in Zusammenhang bringe mit dem, was über den Einweihungsweg bereits gesagt wurde, dann erkenne ich darin, wie hier die dynamische Wechselwirkung von reinen *Kräften* wie Farbe und Bewegung wiedergegeben wird.

Später kam Kandinsky in eine weitere Phase. Er arbeitete nach dem ersten Weltkrieg beim Bauhaus in Weimar. In seinen Gemälden hat sich die lebendige Dynamik der ersten Abstraktion wieder beruhigt. Es treten jetzt viel stärker Formen vor einem farbigen Hintergrund in Erscheinung; Kreise, Quadrate und Linien stehen jetzt im Vordergrund. Als Beispiel hierfür ist hier *Gelb,rot und blau* von 1925 abgebildet (Abb. 5). 1926 verfasst Kandinsky das Buch *Punkt und Linie zur Fläche*, in dem er ausführlich, fast schon meditativ, beschreibt, was ein Punkt und was eine Linie ist. Für ihn sind Punkt und Fläche nicht einfach nur abstrakte Phänomene, sondern der Ausdruck für etwas viel Größeres. Meines Erachtens wird für ihn in dieser Phase die Welt der Kräfte als solche sichtbar.

Wenn diese Kräfte aus der zuletzt genannten Phase in Bewegung geraten und beginnen, sich sichtbar zu beeinflussen, entsteht wieder das wilde, dynamische abstrakte Gemälde. Die Dynamik verdichtet sich immer mehr zur Form, über das Impressionistische und das Expressionistische zum Konkreten. Vielleicht ist das der Weg der Schöpfung?

Wie häufiger in der Kunstgeschichte können wir hier erkennen, wie zur gleichen Zeit sowohl in der Kunst als auch im Wissen eine Grenze überschritten wird. Ähnliches ließe sich auch für die Musik darstellen. Wie ein Einweihungsweg im Konkreten aussieht, werde ich jetzt in kleinen Schritten darstellen.

5 Stadien des Einweihungsweges

Der Einweihungsweg ist ein Weg, den das Ich beschreitet. Es sucht sich ein freies Verhältnis zu Körper und Seele und öffnet sich für das Geistige. Normalerweise ist unser Bewusstsein stark auf die sinnlich wahrnehmbare Welt ausgerichtet, in der wir tagein, tagaus tätig sind. Wenn sich das Verhältnis zum Geistigen verändert, wird sich auch das Verhältnis zum Physischen anpassen müssen.

Zuerst ist das Ich eingebunden in die Denk-, Fühl- und Wollensprozesse innerhalb der Seele. Es läuft mit den Geschehnissen mit, ist sich dessen aber nicht bewusst und kann keinen Abstand dazu einnehmen. Für junge Leute (Teenager) ist dies der »normale« Zustand – für Erwachsene viel zu häufig ebenfalls. Jemand sagte einmal zu mir: »Wenn ich am Tag eine Viertelstunde lang wach bin, ist es ein guter Tag.« Damals fand ich das ziemlich negativ ausgedrückt, wenn man jedoch genauer betrachtet, wie oft man am Tag wirklich aus dem Ich heraus aktiv ist, könnte die Aussage sogar stimmen. Schematisch dargestellt:

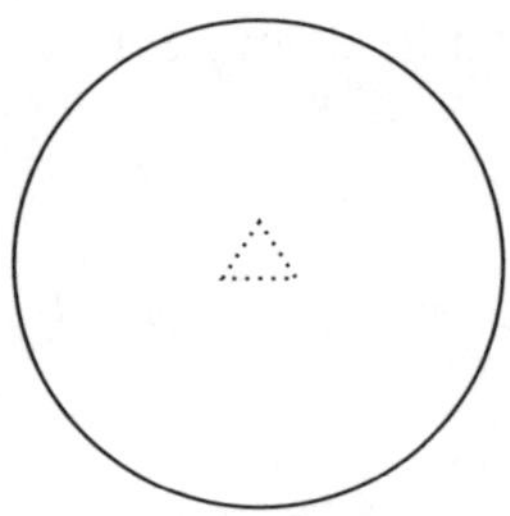

Mit zunehmendem Alter wird sich das Ich immer mehr seiner selbst bewusst. Durch die Wiederholung verschiedener Erfahrungen habe ich die Möglichkeit, ein bestimmtes Muster in meinen Reaktionen zu erkennen.

Dadurch kann mir klar werden, was sich in der Innenwelt abspielt und ich kann anfangen, mich selbst dazu zu befragen. Dies ist der Anfang der Entwicklung des Selbstbewusstseins. Im Leben ist dies ein natürlicher Prozess:

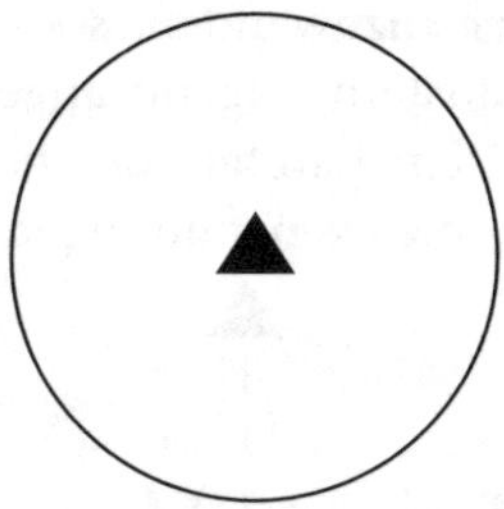

Das Ich kann beschließen, das Leben selbst in die Hand zu nehmen und sich von dem, was sich in der Seele abspielt, zu befreien. Man beginnt Abstand zu gewinnen zu sich selbst und zur »kleinen Seele«. Dies ist der Anfang des Übungsweges, der allmählich dem Ich immer mehr Freiheit einbringt. Die Geistesgegenwart wird immer stärker. Übungen, die diesen Prozess unterstützen, werden in dem Kapitel »Abstand einnehmen« beschrieben.

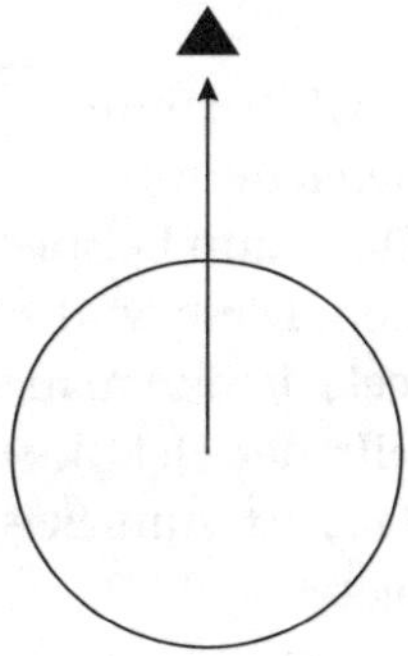

Von einer freieren Abstandsposition aus kann man nun beginnen, seine Seele zu ordnen. Man kann sich darin üben, die Lenkung der Seeleninstrumente – Denken, Fühlen und Wollen – zu verstärken. Dies ist über die so genannten Basis- oder Nebenübungen möglich. Das ist eine Reihe von Übungen, in denen man neben dem Denkverlauf, der Willensausübung und dem lebendigen Fühlen auch Fähigkeiten wie beispielsweise Optimismus und Unbefangenheit trainieren kann. Das Ich lernt, diese Fähigkeiten und Fertigkeiten freier anzuwenden, sodass sie immer weniger ihren eingespielten Mustern folgend angewendet werden. Dies wird beschrieben in dem Kapitel »Beschäftigung mit Denken, Fühlen und Wollen — die ›Nebenübungen‹«.

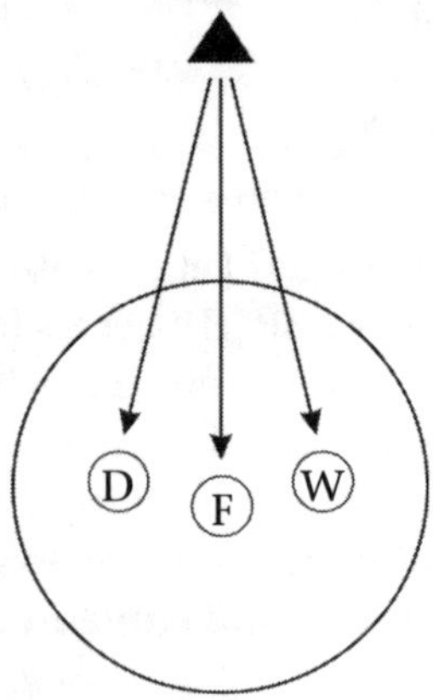

Man kann auch ganz gezielt bestimmte Fähigkeiten in der Seele verstärken oder neue Bereiche formen, die man sich wünscht oder die man braucht. Dies kann beispielsweise für eine Qualität wie die innere Ruhe gelten. Diese wird zu einer Oase oder einem kleinen Tempel in der Seele, in den man sich zurückziehen kann, wenn man für eine Weile der Hektik seines Lebens entfliehen möchte. Eine Übung dazu ist zum Beispiel die Erinnerung an schöne Lebenserfahrungen:

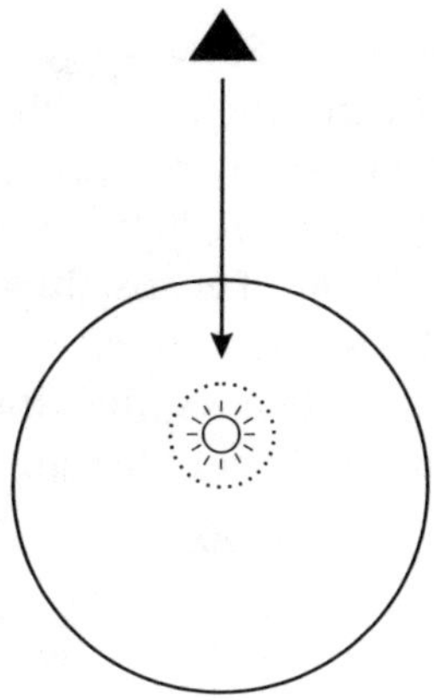

Es wird einem unterwegs immer wieder klar werden, dass es noch nicht befreite Zonen in der Seele gibt. Das kann dazu führen, dass man sich auf die Suche nach störenden oder hemmenden Elementen in den tieferen Schichten der »kleinen Seele« begibt. Diese unbefreiten Bereiche stehen in Zusammenhang mit alten, schmerzhaften Einflüssen aus der Jugend oder aus noch viel früheren Zeiten, aus vorherigen Inkarnationen. Eine Möglichkeit, wie man dabei im Rahmen des Einweihungsweges vorgeht, wird im Kapitel »Grenzerfahrungen: die Feuerprobe« beschrieben:

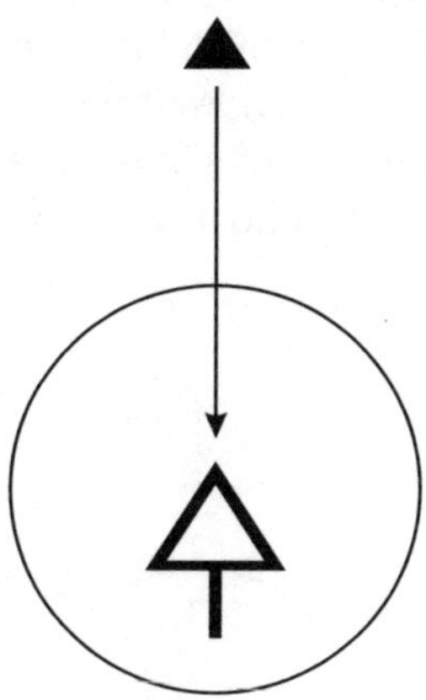

In den tieferen Schichten der Seele sind unsere Inspirationsquellen tätig. Was ergreift mich zutiefst? Wofür kann ich mich erwärmen? Die Frage nach der eigenen Mission tritt in bestimmten Phasen des Lebens sehr eindringlich auf, beispielsweise bei der Berufswahl, oder um das 40. Lebensjahr herum. Oft lebt diese Frage auch im Verborgenen und äußert sich als Unzufriedenheit mit dem, was man tut. In dem Kapitel »Inspirationsquellen: die Wasserprobe« wird darauf näher eingegangen:

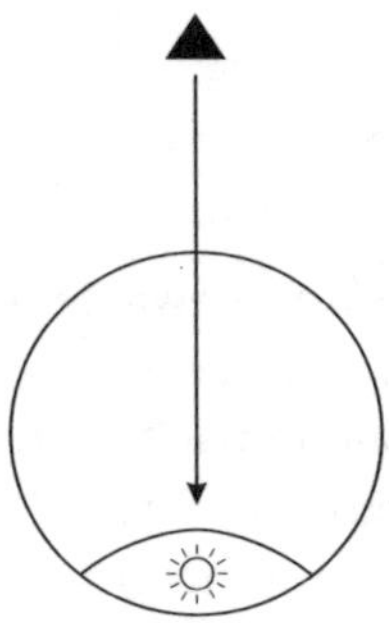

Bislang orientierte sich das Ich an der Seele und der sinnlich wahrnehmbaren Welt. Irgendwann kann es jedoch sein, dass man einen weiteren Schritt tun möchte, weil sich einem Fragen über die geistige Welt aufdrängen. Um sich auf diesem Gebiet zurecht finden zu können, benötigt man andere Sinnesorgane als die, die man in der physischen Welt benutzen kann. Diese Organe werden »Lotusblumen« oder Chakren genannt. Man kann sie mittels Übungen, besonders über Meditationen, aktivieren:

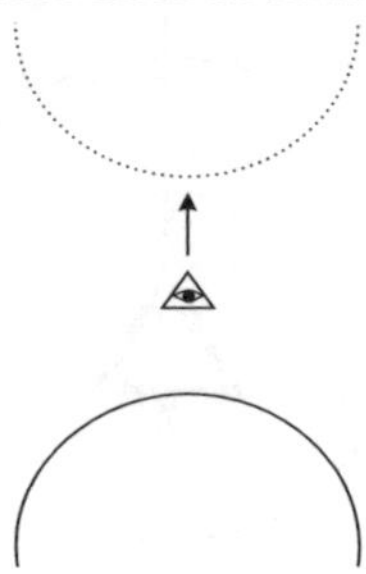

Nachdem man eine gewisse Sicherheit im Meditieren erlangt hat, kann man seine erweckten Organe auch dazu einsetzen, die geistige Welt zu untersuchen. Dies nennt man geisteswissenschaftliche Forschung. Dabei richtet man seine Meditation auf die geistigen Hintergründe, die man untersuchen möchte: Hintergründe des eigenen Lebens, des Berufes, von Ereignissen in der Geschichte, des Karma usw.:

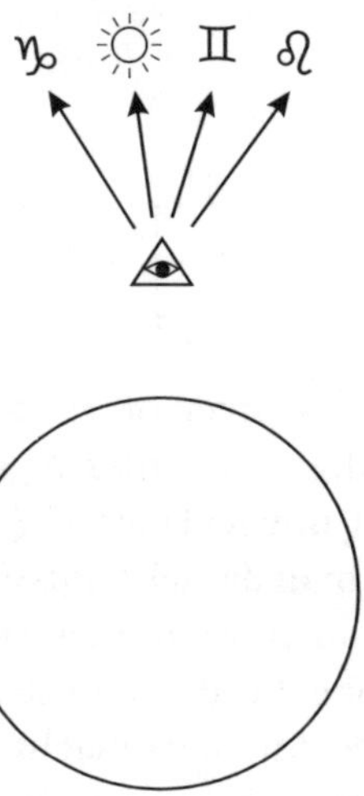

Schließlich wird man seinen Alltag immer mehr aus diesen geistigen Hintergründen heraus gestalten und entsprechend handeln – und damit zu einem Angehörigen der geistigen Welt werden. (siehe die Zeichnung auf der folgenden Seite):

Das Beschreiten dieses Weges verlangt Erkenntnisse, d.h. ich muss mit meinem Intellekt verstehen können, welche Gesetzmäßigkeiten in den höheren Welten gelten. Es werden Interesse, Unbefangenheit und die Bereitschaft zu lernen verlangt. Diesen Weg haben bereits andere beschritten, und es kann hilfreich sein, die Ergebnisse ihrer Suche zu kennen. Die Entwicklung von Fähigkeiten setzt

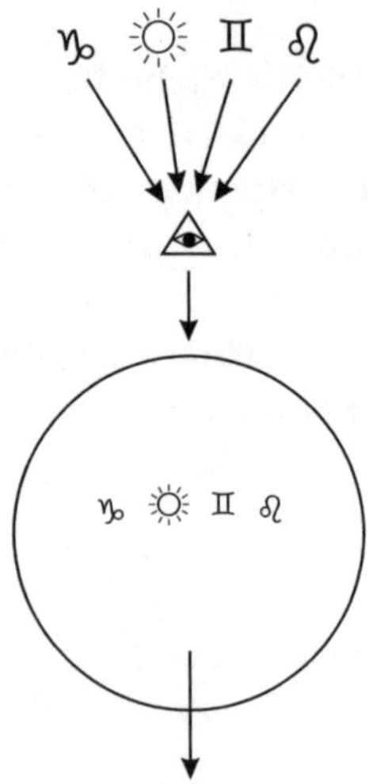

die Geduld voraus, die Übungen oft zu wiederholen – auch ein gewisser Mut ist notwendig, denn unterwegs wird man immer wieder mit seinem Spiegelbild, mit der Frage: »Wer bin ich?«, konfrontiert. Wenn einem das, was man da sieht, missfällt, wird man dies ertragen müssen. Dies gilt auch, wenn man sich immer stärker identifiziert mit einer Aufgabe, für die man sich einsetzen möchte. Die Arbeit im Dienste einer »Mission« macht mich auch verletzbar.

Im Laufe dieses Buches soll dargestellt werden, wie man anhand praktischer Übungen die eben beschriebenen Schritte verwirklichen kann. Das Beschreiten eines solchen Weges verlangt Zeit, die man in seinem Tagesablauf einplanen sollte. Man schafft sich für seine Ausbildung, seine Übungen und Meditationen während des Tages eine Art Arbeitsplatz, um sich dort Zeit zu nehmen und konzentriert an seiner inneren Entwicklung zu arbeiten.

VOR DEM SCHLEIER

6 Übung »null«

Der erste Schritt auf dem modernen Einweihungsweg ist für viele gleich der schwierigste. Es geht dabei um die Frage: Wie kann ich mir Zeit verschaffen, in der ich regelmäßig etwas für mich tue, was keiner von mir verlangt, was keinen sofort sichtbaren Nutzen bringt und keine erkennbaren Früchte trägt? Weil diese Frage allen anderen gezielten Übungen vorangeht, nenne ich sie die Übung »null«. Ich gehe gesondert darauf ein, weil an diesem Punkt oft viele Vorsätze scheitern. In unserer Kultur ist eigentlich kein Platz für Übungen und Meditationen. Im Rhythmus des Alltags, zwischen Familie und Arbeit, Freunden und anderen Verpflichtungen bleibt oft keine Zeit für einen selbst übrig, obwohl man unter Umständen ein starkes Bedürfnis danach verspürt.

Es gibt eine Reihe von Faktoren, die einem die Umsetzung dieses Vorhabens schwer machen. Einer davon ist die Tatsache, dass man sich tatsächlich vom Strom des Alltags losreißen muss: Es ist ein Strom, in den ich unter Umständen bereits beim Aufstehen hinein steige und den ich erst mit der Nachtruhe wieder verlasse. Sich einfach mal hinzusetzen und sich von allen anstehenden Verpflichtungen zu befreien, ist oftmals sehr schwierig, geschweige denn etwas zu tun, was einem eine andere Art von Energie abverlangt. Es ist ein bekanntes Phänomen, dass viele, bevor sie sich in Ruhe hinsetzen, um sich auf die meditativen Übungen, die Thema dieses Buches sind, zu konzentrieren, zuerst noch ein paar praktische Arbeiten erledigen. Dann können diese nicht mehr ablenken. Noch schnell wird etwas aufgeräumt oder abgewaschen – und dabei dann vergessen, was man eigentlich vorhatte.

Die zweite Hürde besteht darin, dass es um Übungen geht, für die eine ganz andere Art von Konzentration benötigt wird als für die Erledigung der alltäglichen Dinge. Die Konzentration muss sich lösen von ihrer Ausrichtung auf die Außenwelt und von ihrer Verflechtung mit der Umgebung, die noch gewisse Störungen zulässt. Die Konzentration muss sich nach innen richten, es muss Ruhe hergestellt werden.

Diese Umstellung der Konzentrationsausrichtung ist eine sehr schwierige innere Angelegenheit. Die Übungen gehen umso leichter von der Hand, je bewusster sie durchgeführt werden und je mehr sie zu einem festen Bestandteil des Tagesablaufs werden. Oft ist es auch hilfreich, mit der direkten Umgebung klare Vereinbarungen diesbezüglich zu treffen.

Manchmal ergibt sich im Laufe des Tages wirklich kein freier Moment, den man für die Durchführung solcher Übungen verwenden könnte. Entscheiden Sie sich dann bewusst dafür, die Übungen an dem Tag nicht durchzuführen und sagen Sie die Verabredung mit sich selbst ab. Das ist sauberer als die Verabredung einfach nur sausen zu lassen. In besonders belastenden Zeiten kann die Tatsache, dass man keine Zeit hat, auch einfach nur eine Ausrede sein, weil man spürt, dass man ein höheres Maß an innerer Kraft benötigt, um aus dem Alltagstrott aussteigen zu können. Doch gerade dann ist es besonders wichtig, innere Ruhe herzustellen. Wenn unerwartet jemand anruft, scheint man nämlich auf einmal doch Zeit zu haben ...

7 Abstand einnehmen

Im ersten Schritt auf dem Pfad des Schulungsweges geht es um die Stärkung der Fähigkeit, zu sich selbst auf Abstand gehen zu können. Bevor man diesen Weg einschlägt, lebt das Ich mehr oder weniger unbewusst in der Seele und wird wie auf den stürmischen Wogen des Meeres von den Emotionen, den Gedanken und Impulsen, die in der Seele leben, mitgetragen. Diese leben dort als Reaktion auf das, was von außen auf uns einstürmt, oder sie entstehen spontan aus dem Innern. Um auf die nächste Stufe zu gelangen, ist es notwendig, dass das Ich geweckt wird und sich stärker darüber im Klaren ist, was in der Innenwelt alles passiert. Man muss unterscheiden lernen, welche Kräfte dort am Werke sind und welche Wechselwirkungen sie untereinander haben, um in einer späteren Phase steuernd darauf Einfluss nehmen zu können.

Die selbstständige Anwesenheit des Ichs in der Seele ist, anders ausgedrückt, Geistesgegenwart. Das Ziel der Übung dieses Kapitels ist das Wecken und Stärken dieser Geistesgegenwart.

Am Morgen erwecke dich zu einem guten Vorsatz; am Abend durchforsche deinen Wandel, wie den Tag über deine Gedanken, deine Worte, deine Handlungen beschaffen gewesen sind. Vielleicht hast du darin öfter wider Gott und wider deinen Nächsten gesündigt.

Thomas von Kempen, Die Nachfolge Christi (1470)

Übung: Zurückblicken

Beginnen Sie sich zu konzentrieren, um sich selbst wahrnehmen zu können. Wählen Sie dazu ein Erinnerungsbild aus der Vergangenheit. Das kann ein Ereignis des vergangenen Tages sein oder noch weiter zurückliegen. Da es sich lediglich um eine Wahrnehmungsübung handelt, braucht es nichts Besonderes zu sein. Es kann zum Beispiel etwas so Banales sein wie der Moment, als Sie im Supermarkt an der Kasse standen.

Zuerst blicken Sie zurück, um die Umgebung wahrzunehmen und sich selbst in ein Verhältnis zu ihr zu setzen. Wie war der Raum? Wo befand ich mich selbst? Waren noch andere Leute dort? Anschließend betrachtet man seinen »inneren Menschen«. Was tat ich? Was sagte ich? Dann können Sie versuchen wahrzunehmen, welche Gedanken Ihnen durch den Kopf gingen und in welcher Verfassung Sie waren. Was fühlte ich? Welche Emotionen und Impulse erlebte ich? Welchen Einfluss hatte dieses innere Erleben auf das, was ich sagte und tat? Je detaillierter das Bild wird, umso besser.

Sie können diese Übung in jedem beliebigen Moment des Tages durchführen, wann immer Sie die Zeit und die Konzentration dafür übrig haben.

Es ist wichtig, dass man sich beim Zurückblicken nur auf die Wahrnehmung beschränkt. Bewertungen, was und wie man etwas tat, können sich einem dabei schnell aufdrängen. Es geht aber gerade darum, diese zu vermeiden. Man gerät auch leicht in Versuchung, das Erlebte noch einmal zu durchleben. Oder es stürmen viele Assoziationen auf einen ein. All das soll bewusst zurückgehalten werden, denn diese Übung ist eine Wahrnehmungsübung, in der Sie selbst das Wahrnehmungsobjekt sind. Sie verstärkt den Unterschied zwischen eigentlichem Ich und gewöhnlichem Selbst. Wenn man diese Übung über einen längeren

Zeitraum hinweg regelmäßig durchführt, entsteht sozusagen ein zweiter Mensch in einem. Dies ist eine Art »Weiser«, der einem bei allem, was man tut, über die Schulter blickt. Er ermöglicht es, sich nicht von den Ereignissen überrumpeln und mitschleifen lassen zu müssen, sondern zu unterscheiden, was sich eigentlich abspielt. Auf diese Weise erhält man sich die Freiheit und die Möglichkeit, Entscheidungen zu treffen, die einem sonst durch den Strom der Ereignisse aus der Hand genommen werden.

Wie wertet man nun die Wirkung dieser Übung aus? Um dies zu beurteilen, betrachtet man zwei Seiten. Es geht bei dieser Übung in erster Linie um das Erwecken und die Stärkung von Geistesgegenwart. Durch die Konzentration auf die Wahrnehmung und durch die Kontrolle Ihrer Bewertungen und Gefühle. Nach einiger Zeit werden Sie spüren, dass diese Kraft während der alltäglichen Ereignisse lebendiger wird. So kann es beispielsweise Momente geben, die Sie sehr berühren und in denen normalerweise eine Reaktion spontan aus Ihnen hervorbricht. Da werden Sie sich dieses »zweiten Menschen« bewusst und erkennen sehr bald, dass es besser ist, von einer unmittelbaren Reaktion abzusehen.

Das zweite Ergebnis liegt darin, dass die Bilder der Erinnerung mit der Zeit deutlicher werden. Das Erinnerungsvermögen ist von Natur aus unterschiedlich stark ausgeprägt: Der eine erinnert sich viel bunter und detaillierter als der andere. Dies ist einerseits eine Übungssache, andererseits aber auch eine Frage der Veranlagung.

Wenn Sie diese Übung zu einer Zeit durchführen, in der Sie müde oder im Stress sind, wird es Ihnen weniger gut gelingen, ein deutliches Erinnerungsbild vor Augen zu haben und Sie werden nach einiger Zeit dazu neigen, diese Übung auszulassen. Bleiben Sie aber hartnäckig, werden Sie schnell feststellen, dass das erste Ziel der Übung, nämlich die Steigerung der Kraft, Abstand zu sich selbst einnehmen zu können, gerade dann gefördert wird.

Dieser »zweite Mensch«, den Sie mittels dieser Übung in sich erschaffen, ist etwas völlig anderes als der so genannte innere

Kritiker. Viele kennen diese Instanz, die einem über die Schulter schaut und einem ständig ins Ohr flüstert, dass man nichts richtig macht und alles anders machen sollte. Dadurch ist sie eine Kraft, die der Weiterentwicklung eher entgegenwirkt anstatt sie voranzutreiben, und sie steht so nicht »über der Seele«, wie das Ich über der Seele stehen kann. Dieser innere Kritiker ist ein Teil der Seele und vertritt unbewusst gespeicherte Bewertungen und Meinungen. Eine angenehme Nebenwirkung unserer Übung ist es, mit genau diesen Meinungen bewusster umgehen zu lernen.

Nun kann man sich die Frage stellen, ob die ständige Befragung dieses zweiten Menschen nicht dazu führen muss, jegliche Spontaneität zu verlieren. Die Antwort ist ein klares Nein. Häufig erleben wir ja genau den entgegengesetzten Fall: Wir geben plötzlich aufkommenden Impulsen nicht nach, da uns unsere Normen oft im Weg stehen. In anderen Fällen führt Angst dazu, dass wir denken, Spontaneität könne uns in gefährliche und unsichere Situationen bringen. Dann herrscht zuwenig Spontaneität, und genau in solchen Momenten kann Geistesgegenwart dazu führen, dass ich das bremsende Element erkenne und mich entschließe, mich darüber hinwegzusetzen!

Es gibt eine griechische Skulptur, die das Ergebnis dieser Übung zum Ausdruck bringt. Es ist der berühmte Wagenlenker aus dem Tempel von Delphi. Das Motto dieses Tempels war »Mensch, erkenne dich selbst!« Ziel der Priesterausbildung dort war die Entwicklung von Selbstkenntnis. Der Wagenlenker hält in der einen Hand die Zügel, der andere Arm ist abgebrochen. Es ist möglich, dass er in der anderen Hand eine Peitsche hielt. Vor dem Wagen stelle ich mir vier große starke Pferde vor (die bei der Skulptur ebenfalls fehlen). Der Wagenlenker kann mit der einen Hand die vier Pferde zügeln oder freigeben, mit der anderen Hand kann er sie anspornen, indem er die Peitsche knallen lässt. Er selbst steht hoch aufgerichtet, kerzengerade, und ist ein Symbol für das Ich des Menschen. Die Pferde laufen gerade so schnell, dass er das Gespann noch gut zügeln kann, damit sie gemeinsam den Wagen schnell, aber im Gleichgewicht haltend vorwärts ziehen. Die vier Pferde: das Denken, das Fühlen, das Handeln und die körperliche Konstitution. Der Wagenlenker muss dafür sorgen, dass sie zu viert ein gutes Gespann ergeben. Dafür muss er ein Bewusstsein für ihre Kräfte und Eigenschaften entwickeln und darauf achten, dass sie hervorragend zusammenpassen, wobei die Qualitäten jedes einzelnen Pferdes berücksichtigt werden.

Diesen Prozess sah ich wundervoll in Szene gesetzt in dem Film *Ben Hur*. Als Wagenlenker wird dem Helden eine ganze Koppel voller Pferde zur Verfügung gestellt. Er betrachtet sie, wägt ab, erkennt sie und gibt ihnen genau den richtigen Platz vor dem Wagen: Das langsamste Pferd ganz innen, das wildeste mehr nach außen, aber an einen Platz, an dem es von einem ruhigeren Pferd mit großer Ausdauer in Schach gehalten werden kann, das ganz außen läuft. So komponiert er ein optimal zusammenarbeitendes Gespann.

Das Bild des Wagenlenkers diente den Griechen als Anregung, das Ich weiterzuentwickeln und sich zum Lenker der eigenen Seelenkräfte zu machen. Genau das ist das Ziel dieser Übung.

Der Wagenlenker von Delphi

Die innere Haltung

Im nächsten Schritt ist das Ziel, sich auf die innere Haltung zu besinnen, die man während des Zurückblickens einnimmt. Es geht darum, eine ehrfürchtige und respektvolle Haltung gegenüber sich selbst zu entwickeln, verbunden mit einer unerbittlichen Bereitschaft, wirklich alles sehen zu wollen. Was das erste, die ehrfürchtige und respektvolle Haltung betrifft: Wenn man sich aus einem gewissen Abstand betrachtet, sieht man einen Menschen, der sich noch in Entwicklung befindet. Man ist als Mensch noch nicht ganz reif, doch man möchte sich weiterentwickeln. Ansonsten würde man eine solche Übung niemals machen.

Eine häufige Reaktion auf diese Übung ist, dass man sich sagt: »Wenn ich mich so rückblickend selbst betrachte, gefalle ich mir ganz und gar nicht. Deshalb lasse ich das lieber bleiben und versuche schnell zu vergessen, was ich getan habe.«
Das deutet darauf hin, dass eine unausgesprochene Erwartung mit der Wahrnehmung verknüpft ist, sodass das Wahrgenommene aus dieser Erwartung heraus als schlecht beurteilt wird. Nicht immer wird diese Erwartungshaltung erfüllt – dann spürt man die Wirkung des inneren Kritikers.

Neben diesem Kritiker ist noch eine zweite Kraft wirksam: Im Unterbewusstsein hat man ein Bild davon, wie man eigentlich in Zukunft sein möchte. Indem sich dieses Bild im Laufe der Jahre immer detaillierter offenbart, wird gewissermaßen die Zukunft in mir wirksam, denn aus ihr kommt mir ja das Bild meines künftigen Ich entgegen. Verglichen mit diesem Bild, das einer Zukunftsebene entspricht, auf der ich viele aktuelle Schwierigkeiten überwunden habe, ist man jetzt noch sehr unvollkommen. Aus diesem Wissen kann sowohl der Impuls zur Weiterentwicklung als auch ein Gefühl tiefer Scham über die eigene Unzulänglichkeit entstehen. Es ist eine große Toleranz gegenüber sich selbst notwendig, damit man sich klarmachen kann, dass man in diese Zukunft hineinwachsen darf und nicht schon jetzt so sein muss, wie man es gern hätte.

Es geht bei dem Schulungsweg darum, sich in Freiheit zu entfalten. Wenn man das Dasein auf der Erde als einen Entwicklungsweg betrachtet, bedeutet dies per definitionem, nicht vollkommen zu sein. Es wird immer Dinge geben, die man noch weiter entwickeln kann, und je mehr das Bewusstsein über mich selbst und die Ziele meiner Entwicklung zunimmt, um so schmerzhafter wird mir auch die eigene Unvollkommenheit bewusst. Man kann den Blickwinkel, von dem aus man sich selbst betrachtet, mit dem eines liebenden Elternteils oder eines guten Lehrers vergleichen, der auf die heranwachsenden Kinder schaut. Die Betrachtung ist getragen von Respekt und Akzeptanz, da es das Ziel ist, das Kind zu einem gesunden und harmonischen Menschen heranwachsen zu sehen. Hierfür müssen sowohl Stärken als auch Schwächen erkannt werden, von denen ausgehend dann pädagogische Schritte erfolgen. Ein Kind muss nicht erzogen werden, weil es schlecht ist, doch bestimmte Dinge verlangen ein gewisses Maß an Beachtung, weil es für das Kind selbst befreiend ist, wenn sich diese Dinge ändern.

Der zweite erwähnte Aspekt der inneren Haltung ist Unerbittlichkeit gegen sich selbst. Wenn man aus der bereits genannten respektvollen, teilnahmsvollen Haltung zurückblickt, bedeutet das nicht, dass man das Wahrgenommene verschleiern darf. Alles, was mit der betrachteten Situation zu tun hat, muss wahrgenommen werden, auch dann, wenn es einem schwer fällt oder schmerzlich ist, bzw. wenn es Gefühle der Schuld oder der Scham verursacht. Unerbittlich wird auf alle Details eingegangen, die dadurch in das Licht des Bewusstseins gerückt werden. Die liebevolle Haltung gegenüber sich selbst hilft, diese Unerbittlichkeit zu ertragen.

Man kann sich dem Bild von der Haltung, aus der heraus man sich selbst betrachtet, auch von einer höheren Perspektive aus annähern.

Vor der Geburt verweilten Sie in der geistigen Welt und entschlossen sich dazu, für diese Inkarnation eine bestimmte Anzahl von Entwicklungsthemen anzugehen. Sie entschieden sich, die Konsequenzen aus früheren Leben, mit denen Sie von einem moralischen Standpunkt aus gesehen nicht zufrieden waren, erneut aufzugreifen. Ferner fassten Sie den Entschluss, einige Dinge hier auf der Erde für die Zukunft zu schaffen. Dies alles stellte den vorgeburtlichen Vorsatz dar und diesen Plan Ihres Lebens teilten Sie mit Ihrem Engel, der uns als geistiger Begleiter vor und während des Lebens zur Seite steht. Dieser Vorsatz versank während der Geburt im Unterbewusstsein und übt von dort seine Wirkung auf die Seele aus. Mit den Augen dieses Engels, also aus der Perspektive, mit der Sie vor der Geburt Ihr Projekt geplant haben, versuchen Sie nun, diese Übung zu betrachten. Sie versuchen sozusagen, sich in die Stimmung der Zeit vor der Geburt zurückzuversetzen bzw. in die Stimmung, die in dem Engelwesen lebt. Von dieser Stimmung aus erleben Sie sowohl das große Ziel Ihres Lebens als auch den Punkt, an dem Sie sich momentan befinden. Sie erleben auch den Impuls, diesen Moment mit dem großen Ziel zu verbinden. Aus Verbundenheit und Liebe gegenüber der Welt und der Schöpfung als Ganzes möchten Sie sich weiterentwickeln.

Übung: Innere Haltung

Führen Sie eine Rückschau durch auf etwas, was Sie erlebt haben (im Sinne der ersten Übung). Achten Sie dabei jetzt besonders auf die innere Haltung von Respekt und Deutlichkeit.

Rückblick auf den Tag

Man kann auch auf den Tag zurückblicken, aus dieser respektvollen und unerbittlichen Haltung der ersten Übung heraus. Betrachten Sie den vergangenen Tag in umgekehrter Reihenfolge, das heißt, verfolgen Sie den Strom der Ereignisse in seinen Grundzügen zurück. Dies verlangt besonders viel Konzentration, da man sich nicht einfach vom Strom der Ereignisse mitreißen lassen kann, mit anderen Worten, von den Ursachen bis zu den Folgen mitgehen kann.

Der Rückblick auf den Tag ist eine Vertiefung des bereits Beschriebenen. Bis hierher war von einem Zurückblicken auf ein bestimmtes Ereignis aus der Vergangenheit als Wahrnehmungsübung sowie von der einzunehmenden Haltung, die dabei von Bedeutung ist, die Rede. Jetzt schauen Sie auf eine größere Zeiteinheit zurück, zu der Sie weniger Abstand haben, weil sie zeitlich noch sehr nah ist. Diese Übung hat, abgesehen von dem Abstand, den man zu sich selbst einnimmt, noch eine weitere Funktion, nämlich das Abrunden des Tages und ein Überführen der Ereignisse des Tages in die Nacht.

Dadurch ordnen Sie Ihre Erfahrungswelt. Im Laufe des zurückliegenden Tages haben Sie viele Erfahrungen gesammelt, von denen Sie die wenigsten mit vollem Bewusstsein wahrgenommen haben. Vielmehr haben Sie eine ganze Menge unangenehmer Gefühle und angespannter Situationen verdrängt und schöne Dinge einfach an sich vorbeiziehen lassen. Alle Erfahrungen des Tages bleiben jedoch irgendwo im unterbewussten Bereich unseres Gedächtnisses hängen und beeinflussen zu einem Teil die Grundstimmung der eigenen Befindlichkeit. Dies ändert sich grundlegend, wenn man beginnt, seine Erinnerungen zu ordnen. Es ist vergleichbar mit einem Haus, in dem die Dinge sich an ihrem Platz befinden, oder einem Haus, in dem jeder seine Sachen einfach herumliegen lässt: Das erste Haus strahlt eine ordentliche Atmosphäre aus, das zweite eine unordentliche. Auf die selbe Weise wirkt sich die Ordnung der täglichen Erfahrungen auf unser Bewusstsein aus.

Auch dies können wir von einer höheren Perspektive aus betrachten. Ich stelle mir dabei folgendes vor: In der Nacht schläft man. Die Seele verlässt währenddessen den Leib und die sinnlich wahrnehmbare Welt. Für das, was nachts geschieht, haben wir tagsüber kein Bewusstsein, was nicht bedeutet, dass in dieser Zeit nichts geschieht sondern lediglich, dass unser Wachbewusstsein keine Verbindung dazu hat.

Nachdem wir eingeschlafen sind, landen wir in einer Welt, die mit unseren normalen Sinnesorganen nicht wahrnehmbar ist. Aber sie ist mit den Sinnesorganen, welche mittels der Übungen bei der eigentlichen Meditation allmählich geöffnet werden, wahrnehmbar. Dort begegnen wir auch dem Engel, unserem geistigen Begleiter, der die Pläne für unser Leben kennt. Man hat also eine Art Supervisor, mit dem man sich nachts berät.

Was bringt man zu diesem Supervisor mit? Und wie bereitet man das Gespräch mit ihm vor? Genau darum geht es im Tagesrückblick: Man bereitet die Begegnung mit seinem geistigen Supervisor vor. Wenn man einfach nur einen ungeordneten Haufen an Erfahrungen in die Nacht mit hinein nimmt, wird die Begegnung ganz anders verlaufen, als wenn man eine geordnete Anzahl an Erfahrungen und deutliche Fragen mitnimmt. Die Antwort kann sich in dem Gefühl, mit dem man aufwacht, bzw. in neuen Impulsen oder Ideen, die im Laufe des Tages in mir wach werden, äußern.

Übung: Rückblick auf den Tag

Wählen Sie für diese Übung einen Moment aus, in dem Sie sich in Ruhe nur sich selbst widmen können. Sorgen Sie dafür, dass es ein Moment ist, in dem Sie noch genügend Energie übrig haben, um sich konzentrieren zu können. Achten Sie auch darauf, dass Sie einen ruhigen Ort und eine bequeme Haltung wählen, in der Sie nicht einschlafen und möglichst auch nicht gestört werden können.

Wesentliches – Unwesentliches

Man kann dem Rückblick auf den vergangenen Tag Form verleihen, indem man den Tag mit einer bestimmten Fragestellung betrachtet. So eine Frage kann beispielsweise lauten: Was war denn wesentlich an den Ereignissen und Erfahrungen heute? Etwas ist wesent-lich, wenn es tatsächlich mein Wesen berührt hat.

Von diesem Gesichtspunkt aus betrachtet, beginnen sich die Erfahrungen des vergangenen Tages auf dem Erinnerungsregister zu verschieben: Große Ereignisse, die vielleicht viel Aufmerksamkeit oder Zeit erforderten, werden unter Umständen kleiner. Vermeintlich kleine und unbedeutende Dinge können dagegen größer werden. So kann sich beispielsweise ein heftiger Streit, der eine ganze Weile andauerte, als Missverständnis herausstellen und dadurch in seiner Bedeutung schrumpfen, wogegen die zehn Minuten eines Sonnenuntergangs mit seinen prächtigen Farben mich anscheinend doch stärker gerührt haben und deshalb von größerer Bedeutung sind.

Aufgrund der Erfahrungen mit dieser Besinnung auf den Unterschied zwischen wesentlichen und unwesentlichen Vorfällen, hörte ich einmal den Kommentar: »Es scheint mir, je länger ich diese Übung mache, desto mehr wird alles, was ich tagsüber erlebe, wesentlich. Alles bekommt eine Bedeutung und dadurch wird mein Tag viel reicher!«

In der Tat! Es geht nicht darum, ob die Vorfälle sachlich betrachtet wesentlich sind, sondern um die Frage, ob sie sich mit meinem Wesen verbinden lassen – denn das macht sie erst wesentlich. (So kann ich auch zahlreiche Ratgeber zum Thema Lebensführung, Meditation etc. lesen; wenn sie mich nicht dort erreichen, wo ich gerade bin, gehen die gelesenen Inhalte an mir vorüber und die erwünschte Wirkung bleibt aus.)

Auch diese Übung hat zwei Seiten. Indem man sich das Wesentliche noch einmal deutlich vor Augen hält, bekommt der Tag eine ganz andere Stimmung. Das Bild dessen, was an diesem Tag alles geschehen ist, verändert sich, wodurch auch meine Erinnerung eine andere Färbung erhält. So verbindet man sich immer mehr mit den Grundzügen der Ereignisse, die sich oft als andere erweisen, als man ursprünglich angenommen hatte.

Darüber hinaus übt man die Fähigkeit, zwischen wesentlichen und weniger wesentlichen Dingen unterscheiden zu können: Man erweckt sozusagen ein »Sinnesorgan für das Wesentliche«. Dieses Sinnesorgan kann sich dahingehend weiterentwickeln, das Geistige in den Dingen erkennen zu können. Diese Fähigkeit kann man im täglichen Leben anwenden, wodurch sich die Reaktionen auf Ereignisse verändern werden. Das Wesentliche gewinnt, das Unwesentliche dagegen verliert an Bedeutung. Auf diese Weise lerne ich auch den kleinen Begebenheiten des Tages ihre Bedeutung abzugewinnen und Liebe zu ihnen zu entwickeln.

Übung: Variationen

Achten Sie beim Zurückblicken auf den Tag besonders auf

- den Unterschied zwischen dem Wesentlichen und dem Unwesentlichen
- das Wunder im Laufe des Tages (siehe S.58)
- die Grenzerfahrungen (siehe S.58)

Das Wunder

Eine andere Fragestellung, unter der man seinen Tag betrachten kann, ist die Frage nach dem »Wunder«. Man kann sich fragen, welche Wunder man im Laufe des Tages erlebt hat. Das können beispielsweise unerwartete, nicht eingeplante besondere Dinge sein, die man nie im Leben hätte bewusst einfädeln können. Es können aber auch kleine, vermeintliche Rückschläge sein, welche mich letztlich vor größerem Unheil bewahrt oder zu nützlichen neuen Erkenntnissen geführt haben.

Auch bei dieser Variation geht es um das Erwecken einer Fähigkeit: das Augenmerk auf die Wahrnehmung des Besonderen zu richten.

Grenzen

Nachdem man sich auf besondere Dinge wie Wunder und die wesentlichen Dinge des vergangenen Tages besonnen hat, kann man seinen Blick auch auf die Momente des Tages richten, in denen man kurz an seine Grenzen kam. Man erkennt diese Momente an dem unbehaglichen Gefühl, das mit ihnen verbunden war, oder an der angespannten Situation, die durch sie entstand. Auch Verwirrung oder ein unfreies Gefühl der Begierde können ein Zeichen dafür sein, dass man an seine Grenzen kam. Solche Momente gehen oft schnell und unbeachtet vorüber. Man geht gern wieder zur Tagesordnung über und lebt einfach so weiter.

Wenn ich mehr möchte als das, kann ich diesen Moment als Gelegenheit nutzen, etwas Neues über mich selbst zu lernen. Durch diesen anderen Umgang mit solchen Momenten schaffe ich eine neue Wirklichkeit. Wichtig ist vor allen Dingen, dass man »dranbleibt«, mit anderen Worten: genügend Geistesgegenwart behält.

Wenn ich regelmäßig auf meine Grenzerfahrungen zurückblicke, drängt sich mir automatisch die Frage auf: Was mache ich jetzt damit? Diese Frage führt zu einem weiteren Schritt, welcher in dem Kapitel über die Feuerprobe besprochen werden soll.

Vorblick

Bislang war im Rahmen dieser Übungen zur Verbesserung der Geistesgegenwart nur die Rede vom Zurückblicken. Man kann die Geistesgegenwart auch im Hinblick auf das, was noch kommen wird, verbessern. Das erreicht man, indem man das Vorausschauen übt.

Übung: Vorausschauen

Wählen Sie einen Moment am Anfang des Tages. Schauen Sie aus einer innerlich ruhigen Haltung heraus auf den Tag, der vor Ihnen liegt. Welche Aufgaben erwarten mich? Worauf freue ich mich? Welche Grenzerfahrungen lassen sich bereits jetzt erkennen? Und kann ich mich darauf schon vorbereiten?

Mit dieser Übung tragen Sie dazu bei, dass Sie nicht sozusagen in den Tag hineinfallen und von den Ereignissen mitgerissen werden, d.h. den Ereignissen hilflos ausgeliefert sind. Vielmehr machen Sie den Tag zu *Ihrem* Tag. Sie können sich auf etwaige schwierige Begegnungen oder Gespräche, die Ihnen bevorstehen, einstellen, indem Sie mögliche Abläufe oder Konfrontationen bereits in Gedanken durchspielen. Auf diese Weise setzen Sie sich schon im Vorhinein mit der Furcht, die Sie bereits bei dem Gedanken an das Kommende empfinden, auseinander. Im positivsten Fall müssen Sie in der Situation selbst dann gar nicht mehr unter Ihren vermeintlichen Schwierigkeiten leiden – und lächeln über das, was Sie ja in der vorausschauenden Betrachtung bereits bewältigt haben.

Abschließende Bemerkungen

Die Auseinandersetzung mit vielen Problemen, die einem im täglichen Leben begegnen – vor allem die größeren Fragen und Entscheidungen im Laufe der Biografie –, verlangen besonders viel Kraft und Stärke. Die Quelle dieser Kraft ist das Ich. Wenn man sich einer Gefahr entgegenstellt und Probleme oder Fragen in Angriff nehmen möchte, begibt man sich gewissermaßen ein paar Schritte in die Dunkelheit hinein. Als entgegengesetzte Bewegung ist es sinnvoll, die persönliche Tragfähigkeit zu verstärken, d.h. sich etwas mehr ins Licht zu begeben. Die Übungen wirken in diesem Sinne wie eine Seelenhygiene.

8 Entspannung und Ruhe

Durch das Üben des Abstand-Einnehmens zu sich selbst entsteht eine gewisse Freiheit. So ist man weniger leicht durch das, was von außen auf einen zukommt sowie durch die Reaktionen, die von innen her in einem hochkommen, zu beeinflussen. Das Ich hat sich einen gewissen Abstand zur Seele erobert. Im nächsten Schritt kann man seine Aufmerksamkeit aus dieser freieren Position heraus wieder der Seele zuwenden, um sich dort an die Arbeit zu machen. Wenn man sich spirituell weiterentwickeln, d.h. dem geistigen Anteil in sich die Weiterentwicklung ermöglichen möchte, ist es notwendig, eine gewisse Ordnung und Ruhe in der Seele herzustellen. Im alltäglichen Leben geht es in der Seele meist sehr hektisch zu, wenn diese zu sehr nach außen hin ausgerichtet ist: Wir sind mit den Menschen vernetzt, die uns umgeben, müssen zur Arbeit oder haben andere Verpflichtungen. Dies führt dazu, dass uns fortwährend irgendwelche Sachen durch den Kopf gehen, die unsere Aufmerksamkeit verlangen – ständig stehen wir unter dem Druck ganzer Berge von Aufgaben, die noch erledigt werden müssen und nicht vergessen werden dürfen. Und zudem werden wir gestört durch das Telefon, die Kinder oder die allgemeine Hektik um uns herum. Dadurch werden wir innerlich unruhig, manchmal zu sehr, was sich störend auf unser Wohlbefinden und manchmal auch auf die Gesundheit auswirken kann.

Deshalb ist der nächste Schritt des Schulungsweges darauf ausgerichtet, all dem in der Seele entgegenzuwirken und aus der Abstandsposition heraus dort eine Insel der Ruhe zu schaffen. So entsteht sozusagen ein allmählich wachsender Ort in der Seele, an den man sich zurückziehen kann, wenn man das Bedürfnis dazu verspürt, beispielsweise nach anstrengenden Ereignissen oder um sich während belastender Tätigkeiten kurz besinnen zu können.

In den folgenden Übungen geht es darum, den Körper zu entspannen, die natürliche Anspannung, die sich tagsüber aufbaut, aufzulösen. Anschließend wird es um das schrittweise Aufbauen eines inneren Ruhepols gehen.

Flattern

Ziel der »Flatter-Übung« ist es, die Überaktivität und die Anspannung, die sich im Körper angesammelt haben, loszuwerden. Die gewöhnliche Unruhe, die tagsüber vorherrscht, kommt körperlich in Muskelverspannungen und Überreizung der Sinnesorgane zum Ausdruck. Der Grad dieser Unruhe ist unterschiedlich: In einer gesunden Situation ist sie eher ausgeglichen, taucht aber nur der Gedanke an Stress auf, wird sie schnell zu groß. Wenn man sich entspannen möchte, kann man die Überaktivität als Unruhe stiftend erleben. Diese Unruhe wird mit der Flatter-Übung bearbeitet.

Suchen Sie sich einen ruhigen Ort, an dem Sie sich frei bewegen können. Zuerst strecken und dehnen Sie sich. Das machen Sie sozusagen aus den Zehen heraus und versuchen dabei, alle Muskeln anzuspannen. Damit bringen Sie die träge Lymphflüssigkeit im Gewebe wieder in Schwung. Wenn Sie daraufhin die Neigung zum Gähnen verspüren, geben Sie ihr augenblicklich nach. Dann lassen Sie Ihren Oberkörper entspannt nach vorne sinken und lassen die Arme und den Kopf eine Weile frei baumeln.

Es ist entspannend, dabei ausatmend die Laute »Oahh, oahh« oder einfach »fff« von sich zu geben, wodurch Sie gleichzeitig Ihr Zwerchfell lockern. Das Zwerchfell verspannt sich im Alltag oft gerade dann, wenn man besonders wachsam sein muss. Dieses Vorgehen wiederholen Sie einige Male, bis Sie spüren, wie die Entspannung einzutreten beginnt.

Danach beginnen Sie schrittweise, Ihre Muskeln zu lockern. Fangen Sie bei den Füßen an und schütteln Sie diese abwechselnd aus den Knöcheln heraus, als wären sie mit dünnen Fäden am Unterschenkel festgebunden. Nach den Füßen verfahren Sie in gleicher Weise aus den Knien heraus mit den Unterschenkeln, dann aus der Hüfte heraus mit den Oberschenkeln. Sie werden spüren, wie die Anspannung schwächer wird oder ganz verschwindet und sich ein prickelndes Gefühl in den Beinen einstellt. Anschließend lockern Sie die Hüften und lassen das Becken kreisen. Dann verfahren Sie in gleicher Weise mit den Händen aus den Handgelenken heraus, mit den Unterarmen aus den Ellbogengelenken heraus und mit den ganzen Armen aus den Schultern heraus. Die Schultern werden danach ebenfalls ordentlich gelockert.

Dann ist der Kopf dran. Drehen Sie ihn ein paar Mal über dem Rumpf im Kreis und lockern Sie anschließend den Unterkiefer. Wenn Sie dabei Geräusche von sich geben, hat das eine zusätzliche entspannende Wirkung. Danach spannen Sie alle Muskeln im Gesicht für kurze Zeit an, um anschließend die Spannung wieder ganz und gar zu lösen. Zum Schluss können Sie sich nochmals in die Höhe recken und strecken, dann nach unten fallen lassen und sich anschließend vorsichtig und ruhig wieder aufrichten. Setzen Sie dabei Wirbel für Wirbel aufeinander, d.h. bewegen Sie sich langsam zurück in die Aufrichte, bis der Rücken wieder ganz gestreckt ist.

Auf diese Weise haben Sie den gesamten Körper durchgearbeitet. Alle Muskeln sind gelockert, wodurch sich die darin festgesetzte Unruhe und Anspannung gelöst hat.

Die Einkehr-Übung (Selbstbesinnung)

Im nächsten Schritt geht es darum, eine ruhige Stimmung innerer Stille zu schaffen. Dies geht mit Hilfe der folgenden Übung.

Setzen Sie sich gemütlich auf einen Stuhl und suchen Sie sich eine bequeme Position. Liegen entspannt zwar mehr, eignet sich aber weniger gut für die Konzentration, auf die es hier wesentlich ankommt. Schließen Sie die Augen, lenken Sie Ihre Aufmerksamkeit auf Ihre Füße und spüren Sie, wie sie auf dem Boden stehen. Vielleicht bewegen Sie sie etwas, um den Boden besser zu spüren. Dann lassen Sie Ihre Aufmerksamkeit langsam hinaufwandern: über die Waden, die Knie, die Oberschenkel bis zum Gesäß. Mit diesem sitzen Sie auf dem Stuhl, auch dort spüren Sie Halt und Festigkeit. Spüren Sie, wie der Boden und der Stuhl Sie trägt, das gibt Vertrauen. Sie können sich dem hingeben und nun ganz der eigenen Schwere nachspüren, was Ihnen ein Gefühl von Festigkeit und Präsenz gibt.

Wandern Sie nun mit Ihrer Aufmerksamkeit den Rücken hinauf und spüren Sie, wie dieser die Lehne berührt. Dann geht es weiter hinauf zu den Schultern. Tun Sie dies alles in einem angemessenen Tempo: langsam genug, um die Entspannung und die Ruhe zu erleben, schnell genug, um nicht abgelenkt zu werden.

Von den Schultern aus lenken Sie Ihre Aufmerksamkeit an den Oberarmen, den Ellbogen, den Unterarmen entlang bis zu den Händen und spüren Sie, wie diese ruhig im Schoß liegen. Ihre Hände brauchen überhaupt nichts zu tun, Sie spüren, wie sie ganz schwer werden. Dann kehren Sie mit Ihrer Aufmerksamkeit auf dem selben Wege wieder über die Schultern zum Nacken und zum Kopf zurück. Spüren Sie, wie Ihr Kopf ruhig und im Gleichgewicht auf Ihrem Hals sitzt. Sein Gewicht brauchen Sie nicht zu tragen, das nimmt die Schwerkraft Ihnen ab.

In Ihrem Kopf können Ihnen unzählige Gedanken begegnen. Versuchen Sie diese zu entfernen. Betrachten Sie sie kurz und entscheiden Sie dann, welche wichtig und welche unwichtig sind. Die Unwichtigen lösen Sie in der Umgebung auf, lassen Sie sie wie Wolken vorüberziehen. Die Wichtigen versuchen Sie an einen Ort zu verstauen, an dem Sie sie nachher wiederfinden können. Stellen Sie sich beispielsweise vor, dass Sie sie auf einen Zettel schreiben und diesen dann zusammenfalten. Sie können das auch tatsächlich tun, wenn Ihnen dieser Weg mehr Ruhe ermöglicht.

Wenn der Kopf nun leer ist, wandern Sie mit Ihrer Aufmerksamkeit zu Ihrem Gesicht. Spüren Sie Ihren Atem. Erleben Sie, wie Sie ein- und ausatmen und dabei die Luft durch Ihren Mund strömt. Beim Einatmen können Sie spüren, wie sich das Zwerchfell und der Bauch entspannen, und wie Sie sich im Innern gut fühlen. Irgendwann begeben Sie sich mit der Atmung nach innen und bleiben in der Innenwelt. Sie können sich eine ruhige Stelle in der Brust oder im Bauch aussuchen – je nachdem wo Sie sich wohl fühlen – und sich dort nach Bedarf ein Weilchen aufhalten, bis für Sie die Zeit reif ist, wieder in das alltägliche Leben zurückzukehren. Richten Sie dazu Ihre Aufmerksamkeit wieder auf den Körper und spüren Sie, wie Sie im Stuhl sitzen. Dann stellen Sie sich die Umgebung vor, in der Sie sich befinden, und kehren Sie mit dem Ausatmen dorthin zurück.

Das Ziel dieser Übung ist, einen Ruhepol in der Seele zu schaffen, an dem auch der Körper zur Ruhe kommen kann. Sie können eine Zeit lang an dieser Ruhestätte verweilen und dann wieder nach außen zurückkehren. Auf diese Weise nehmen Sie etwas von dieser Ruhe in Ihre weiteren Tätigkeiten mit hinein.

Sie können aber auch an dieser Ruhestätte, die Sie sich in der Seele geschaffen haben, weiterarbeiten.

Jeder, der mit Meditationen beginnen möchte, kann sich seinen eigenen Weg für seine Vorbereitung suchen. Die hier vorgestellten Übungen sind lediglich Beispiele für die vielen Möglichkeiten auf diesem Gebiet.

Der kleine Tempel

Die Wirkung der vorherigen Übung können Sie noch verstärken, indem Sie den inneren Ort, den Sie sich geschaffen haben, mit einer Vorstellung füllen, die zu der Ruhe passt, die Sie dort suchen. Man kann sich eine Vorstellung ausmalen, die auf reiner Phantasie beruht. Man kann jedoch auch ein Bild aus der Erinnerung emporholen. Das Ziel dabei bleibt: Das Schaffen eines inneren Ortes der Ruhe, an dem Sie sich gerne aufhalten und sich sicher fühlen.

Stellen Sie sich beispielsweise einen kleinen Tempel vor. Stellen Sie sich vor, wo er in einer Landschaft steht und wie er aussieht. Stellen Sie sich vor, wie Sie darauf zugehen, die Tür öffnen und eintreten. Sie können sich ausmalen, wie Sie statt der alltäglichen Kleidung Ihr Tempelgewand anziehen. Vielleicht sind noch mehr Menschen in diesem Tempel, die dort eine bestimmte Funktion Ihnen gegenüber zu erfüllen haben. Sie können sich dies alles so detailliert wie Sie möchten ausmalen, in Abhängigkeit davon, was Sie benötigen, um zur Ruhe zu kommen.

Eine andere Möglichkeit ist, für den gleichen Zweck ein Bild aus der Natur oder der Erinnerung zu verwenden, beispielsweise einen Ort im Gebirge oder am Meer, an dem Sie Seelenruhe erleben konnten. Indem Sie diesen Ort wieder zum Leben erwecken, verstärken Sie auch die Ruhe in der Seele.

Diese Übungen haben eine hygienische Wirkung: Indem man für Ruhe sorgt, wird etwas von der Ausrichtung auf die Umgebung und der gewöhnlich vorherrschenden Unruhe kompensiert. Der Körper empfindet dies als angenehm, die Seele gedeiht dadurch. Es hilft auch bei Störungen durch Stress oder Schlafproblemen.

Diese einführenden Übungen können in jedem beliebigen Moment des Tages durchgeführt werden. Die Pausen im Verlauf des Tages können dafür sehr geeignet sein und so die Bedeutung eines kräftigenden Ruhepunkts bekommen. Vor dem Zubettgehen können sie die Nachtruhe fördern.

Nach diesen Übungen kommen wir zu dem Schritt, in dem es darum geht, wie das Ich aus seiner Position des eingenommenen Abstands heraus auf die in der Seele wirkenden Prozesse Einfluss nehmen kann. Angestrebt wird vor allem die Verbesserung der Steuerung von Denken, Fühlen und Handeln.

9 Arbeit an Denken, Fühlen und Handeln – die »Nebenübungen«

In der Seele geht es sehr lebhaft zu. Gedanken und Entscheidungen, Gefühle und Emotionen wechseln sich ab mit Impulsen zum Handeln. Denken kann auf verschiedenste Weise in der Seele stattfinden. Oft hängen sich Gedanken assoziativ aneinander: Es fängt beispielsweise mit dem Gedanken an, dass man sein Fahrrad noch reparieren muss. Ohne dass man es bemerkt, sind die Gedanken dann plötzlich beim Urlaub, den man in nächster Zeit plant, angelangt. Das geschieht ganz von allein, von Assoziation zu Assoziation: Man hat es nicht selbst in der Hand. Die Gedanken können sich auch immer wieder im Kreise drehen oder ständig abgelenkt werden von all den Dingen, die man sich merken muss und nicht vergessen darf.

Das Fühlen hat eine andere Dynamik. Emotionen wie Begeisterung oder Freude, auf der anderen Seite Wut, Ärger oder Verletztheit, können sich in schnellem Tempo abwechseln. Auch können gleichzeitig gegensätzliche Gefühle angesprochen werden und um einen Platz in Ihrem Bewusstsein kämpfen. Oft geraten sie dabei in Widerspruch mit Auffassungen und Normen, die in der Seele leben, wie etwa, dass Sie sich traurig fühlen, gleichzeitig aber der Meinung sind, dass dies in diesem Moment nicht angebracht ist. Welche Kraft gewinnt dann die Oberhand?

Neben den Gedanken und Gefühlen leben in der Seele noch die Impulse, die zu Handlungen führen. Aufstehen, sich an der Nase kratzen, essen oder sich ein schönes Buch holen. Auch diese Impulse geraten in das Spannungsfeld der Emotionen und Gedanken. Zusammen bilden sie eine sehr lebhafte Palette von Wirkungen in der Seele.

Im Rahmen des Schulungsweges ist es bedeutsam, dass dieses Denken und Fühlen in Eintracht mit den Impulsen der Obhut des Ichs unterstellt werden. Denkt man selbst oder gehen die Gedanken mit einem durch? Wird man von seinen Emotionen beherrscht oder kann man sie differenziert wahrnehmen und erleben? Und wie verhält es sich mit den Impulsen? Läuft man ihnen hinterher oder hat man sie unter Kontrolle und ist sich ihrer bewusst? Hier ist wieder die Anwesenheit des Wagenlenkers, der die Zügel in der Hand hält, gefragt.

Nun, da Sie sich mehr Abstand zu der Seele verschaffen konnten und innere Ruhe zu erreichen vermögen, kann der nächste Schritt unternommen werden. Sie können sich darin üben, die Kräfte des Denkens, Fühlens und Wollens selbst zu lenken. Dies ist mit Hilfe der Übungsreihe, die in der Anthroposophie unter dem Namen Nebenübungen bekannt ist, möglich. Es handelt sich dabei um sechs Übungen, die abwechselnd durchgeführt werden: Eine Denkübung, eine Willensübung, eine Übung für Gelassenheit, eine für Positivität, eine für Unbefangenheit und zum Schluss eine Kombination dieser fünf Übungen.

Die Denkübung

Richten Sie Ihre Aufmerksamkeit auf einen ganz gewöhnlichen Gegenstand, beispielsweise eine Büroklammer, eine Stecknadel oder ein Streichholz. Über diesen Gegenstand denken Sie fünf Minuten lang nach. Suchen Sie nach allerlei Gedanken, die sich auf dieses Objekt beziehen lassen. Schauen Sie sich die Form, das Material und die Geschichte des Gegenstandes an. Welchem Zweck dient er? Was ermöglicht er? Und was wäre, wenn es diesen Gegenstand gar nicht gäbe? Überlegen Sie sich mögliche Variationen dieses Gegenstandes in Form, Farbe und Material.

Welche Menschen waren an der Entwicklung dieses Produktes beteiligt? Wer war an der Produktion beteiligt? Bei dieser Übung steht immer der ausgewählte Gegenstand im Mittelpunkt.

Mit Hilfe dieser Übung stärken Sie den Einfluss auf den Denkverlauf. Sie können den gleichen Gegenstand eine Woche oder länger beibehalten, ehe Sie einen neuen auswählen. Auf diese Weise üben Sie konzentriertes Denken und die Fähigkeit, an einem einzigen Gegenstand eine Vielzahl von Gesichtspunkten zu finden.

Die Wahl eines einfachen Gegenstandes macht die Übung überschaubar – gleichzeitig aber auch schwieriger: Fünf Minuten lang über etwas Großes, Umfangreiches nachzudenken, liefert sicherlich mehr Bilder, doch wird dadurch die Konzentrationsfähigkeit nicht verbessert. Wenn man sich zu etwas Einfachem intensiv Gedanken macht, kommt man automatisch an den Punkt, an dem der Gedankengang stagniert, einem nichts Neues mehr einfällt. Das Gute an dieser Übung ist, dass man gezwungen ist, diesen Tiefpunkt im Denken zu überwinden.

Die Willensübung

Diese Übung ist darauf ausgerichtet, dem Handeln größere Sicherheit und Konstanz zu verleihen.

Nehmen Sie sich frühmorgens eine einfache Handlung vor, die Sie zu einem bestimmten Zeitpunkt des Tages ausführen werden, beispielsweise, um 15 Uhr Ihr Taschentuch aus der Hosentasche zu ziehen und es gleich wieder hinein zu stecken. Eine sinnlose Tat eignet sich für diese Übung eher als eine zielgerichtete, denn bei einer sinnlosen Tat geht es ausschließlich darum, etwas zu tun, weil Sie es so wollen. Das Handeln an sich hat keinen Nutzen. Das Wesentliche dieser Übung ist der bewusste Vorsatz, der in einen zeitlichen Zusammenhang gestellt und unbedingt, auch gegen mögliche Widerstände, ausgeführt wird. Sobald die erste Handlung ausgeführt wurde, überlegen Sie sich auf die gleiche Art wieder eine neue Tat für einen weiteren Moment im Laufe des Tages, sodass der Willensimpuls in Ihnen immer angesprochen bleibt. So sind Sie den ganzen Tag über auf eine ungezwungene Art mit aktiven Vorsätzen, d.h. dem Willen verbunden.

Wenn Ihnen diese Übung nicht gelingen sollte, weil Sie kein Gespür für die Zeit besitzen, legen Sie einen Zwischenschritt ein: Nehmen Sie sich vor, eine bestimmte Handlung in einer bestimmten Situation, beispielsweise wenn Sie zur Tür hereinkommen, auszuführen.

In dieser Übung werden verschiedene Aspekte des Willens verbessert: Zuerst nimmt man sich ganz bewusst etwas vor. Wenn man keine klare Vorstellung von dem hat, was man sich vornimmt, weiß man nicht genau, was man tut. Ferner trainiert man sein Bewusstsein für Zeit und die Kraft, eine Handlung tatsächlich vom Willen geleitet auszuführen und nicht deshalb, weil sie einem vermeintlichen Nutzen dient. Das Ergebnis dieser Übung ist, dass man seine Willensimpulse immer besser in den Griff bekommt, und in seinem Leben von der Fähigkeit profitieren kann, zu wissen, was man will.

Im Alltag lässt sich die so entstandene Fähigkeit folgendermaßen anwenden: Nimmt man sich beispielsweise vor, heute Büroklammern zu kaufen, ist das ein sehr abstraktes Vornehmen. Sie müssen sich dies in Ihrem aktiven Gedächtnis vormerken wie auf einer Einkaufsliste. Nehmen Sie sich dagegen vor, in der Mittagspause Büroklammern einzukaufen, wird die Vorstellung schon konkreter. Wenn Sie sich nun vorstellen, wie Sie mittags, wenn Sie den Flur Ihrer Wohnung betreten, Ihre Jacke anziehen, zu dem Laden laufen und dort die Büroklammern aus dem entsprechenden Fach holen, wird dieser Vorsatz erst recht konkret. Diese Vorstellung dürfen Sie dann vorerst wieder vergessen, denn Sie können sich im Laufe der Zeit sicher sein, dass das auf diese Weise aufgebaute Bild im richtigen Moment wieder in Ihnen auftaucht.

Die Kontrolle der Gefühle

Durch diese Übung verbessern Sie Ihre Fähigkeit, die Äußerung von Gefühlen und Emotionen unter Kontrolle zu haben. Dabei ist es wichtig zu verstehen, dass es nicht darum geht, Ihre Gefühle zurückzudrängen oder zu beherrschen, sondern sie auf die richtige Art und Weise auszudrücken. Das bedeutet, sie weder zu unterdrücken noch sich von ihnen überwältigen zu lassen. Auf diese Weise verinnerlichen Sie die Gefühle, wodurch Ihr Gefühlsleben reichhaltiger wird.

Im ersten Schritt versuchen Sie darauf zu achten, welche Gefühle Sie überhaupt verspüren. Besinnen Sie sich zu bestimmten Momenten darauf, welche Gefühle Sie in diesem konkreten Augenblick und während der vorangegangen Zeit empfunden haben. Vergegenwärtigen Sie sich diese Gefühle und lassen Sie sie ruhig zu. Erkennen Sie sie, unterdrücken Sie sie nicht. Jetzt betrachten Sie diese Gefühle und lassen Sie sie in sich wirken. Sie werden feststellen, dass Sie oft in einem einzigen kurzen Moment von vielen verschiedenen und oftmals gegensätzlichen Gefühlen bewegt werden. Gefühle der Enttäuschung, Trauer und Wut können zur gleichen Zeit wachgerufen werden, es ist jedoch schwierig, Sie gleichzeitig zu spüren.

Diese und die nachfolgende Übung können Sie zu einem bestimmten Zeitpunkt im Laufe des Tages durchführen, indem Sie sich fragen, welche Gefühle Sie in diesem Moment verspüren. Sie können auch zurückblickend betrachten, wie Sie im Laufe des Tages mit der Äußerung von Gefühlen umgegangen sind. So wird allmählich ein Bewusstsein für diese Gefühle geweckt werden, das Sie durch den ganzen Tag begleitet.

Die Positivitätsübung

Alles, was Sie erleben, ruft eine innere Reaktion in Ihnen hervor. Dadurch sind Sie mit dem täglichen Leben verbunden, und diese Reaktionen lassen sich ganz grob in Ja und Nein, in Reaktionen der Sympathie und der Antipathie unterteilen. In der Sympathie öffnet man sich gegenüber den Dingen, in der Antipathie verschließt man sich ihnen.

Nun versuchen Sie, allen Dingen, die Ihnen negativ erscheinen, auch etwas Positives abzugewinnen – was etwas grundlegend anderes ist als alles, was mir begegnet, unkritisch positiv zu sehen.

Ein Beispiel: Sie haben Ihren freien Tag und draußen gießt es wie aus Kübeln. Dabei war in den vergangenen Wochen so schönes Wetter! Die schöne Vorstellung von diesem Tag ist dahin, alle Pläne waren umsonst … Machen Sie sich nun beispielsweise klar, dass der Regen den Gärtnern äußerst gelegen kommt, weil es in den vergangen Wochen so heiß und trocken war. Das stellt den Tag in einen größeren Zusammenhang. Oder überlegen Sie sich, welche Möglichkeiten sich Ihnen nun bieten, da Sie auf einmal viel Zeit übrig haben.

Dabei geht es nicht darum, durch dieses positive Bild die Enttäuschung zu vergessen oder zu verdrängen. Denn gerade in der letzten Übung war es ja das Ziel, diese Gefühle wahrzunehmen und zu erkennen: Auch diese beiden gegensätzlichen Dinge dürfen nebeneinander in der Seele bestehen.

Indem man Ereignissen mit Positivität begegnet, kann man erkennen, was darin zum Ausdruck kommen möchte. Auf diese Weise wird sowohl das Denken als auch das Fühlen geschult.

Die Unbefangenheitsübung

Unbefangenheit ist eine offene Haltung hinsichtlich der Dinge, die auf mich zukommen. Aufgrund von bereits Erlebtem habe ich Erfahrungen gesammelt, durch die ich in der Lage bin, Dinge beurteilen und einschätzen zu können, was wiederum Sicherheit und Halt verleiht. Doch diese Sicherheit erschwert es mir unter Umständen auch, was auf mich zukommt als neue Erfahrungen zu betrachten, als eine Möglichkeit, das Leben in einer gänzlich neuen Art und Weise zu sehen. Immerhin ist es nicht unmöglich, dass etwas »schon immer so war«, nun aber doch einmal ganz anders ist.

Gerade diese Unbefangenheit ist für das Beschreiten des Einweihungsweges von großer Wichtigkeit. Wenn man neue Dinge in sein Leben aufnehmen möchte, muss man auch Überraschungen einkalkulieren – vor allen Dingen dann, wenn man sich für die Wirkung der geistigen Welt mehr öffnen möchte. Denn diese hat schließlich ihre eigene Art und Weise, sich den Menschen zu offenbaren und die Richtung des eingeschlagenen Lebensweges zu beeinflussen. Zu diesem Zweck wendet sie Mittel an, die wir von unserer alltäglichen Logik her nicht sofort verstehen. Das wird zum Beispiel ersichtlich aus Krankheiten und der Bedeutung, die diese im Lebenslauf einnehmen können.

Vor diesem Hintergrund wird die Gesetzmäßigkeit des doppelten Zeitstroms erkennbar: Es sind zwei Zeitströme in unserem Leben wirksam: Der eine ist der von der Vergangenheit in die Zukunft führende. Diesen kennen wir in Form des Gesetzes von Ursache und Wirkung. Ursachen aus der Vergangenheit haben ihre Konsequenzen in der Zukunft. Auch in der Psychotherapie wird nach diesem Prinzip gearbeitet, wenn man bei aktuellen Problemen nach möglichen Ursachen in der Vergangenheit sucht.

Der zweite Zeitstrom verläuft von der Zukunft in die Gegenwart. Hier spielt nicht Kausalität, sondern Finalität eine Rolle. Finalität bedeutet Zielgerichtetheit: Die Ereignisse finden nicht als Folge oder Auswirkung einer Ursache aus der Vergangenheit statt, sondern als Anregung, in der Zukunft neue Qualitäten entstehen zu lassen. Dies ist an einem sich entwickelnden Kind, welches laufen und sprechen lernt, liest und pubertiert, deutlich erkennbar. Die gesamte Entwicklung ist darauf ausgerichtet, dass ein bestimmter Mensch in einem geboren werden kann. Diese Entwicklung setzt sich fort bis zu unserem Tod und wird von Wesen aus der geistigen Welt geleitet. Wenn man in diesem zweiten Zeitstrom leben möchte, ist Unbefangenheit unerlässlich – ohne sie ist es unmöglich, die aus der Zukunft kommenden Impulse umzusetzen.

Auch bei der Entwicklung von Unbefangenheit gilt: Gefühle der Enttäuschung sind erlaubt und bedürfen Ihrer Aufmerksamkeit. Daneben besteht die Herausforderung, Neuem und Zukünftigen offen entgegenzusehen. Auch dann, wenn man auf späteren Etappen des Schulungsweges mit den Meditationen beginnt, ist Unbefangenheit unentbehrlich.

Zusammenfassung

Als letzte Übung kann man von den genannten Eigenschaften zwei zur gleichen Zeit üben – letztendlich auch alle fünf an einem Tag. Ziel ist dabei eine Lebenseinstellung, bei der sich alle diese geübten Seelenqualitäten entfalten können.

In welchem zeitlichen Ablauf lassen sich diese Übungen umsetzen? Man kann sich beispielsweise ganz konkret vornehmen, sich eine Woche oder einen Monat lang mit einer bestimmten Übung zu beschäftigen. Nach dieser Woche oder diesem Monat geht man weiter zur nächsten, und wenn man die ganze Reihe durchgearbeitet hat, kann man wieder von vorne beginnen. Sie können auch eine Pause einlegen und nach einer bestimmten Zeit wieder die ganze Reihe durcharbeiten. Wie Sie es gestalten, hängt ganz konkret von Ihnen ab, von Ihrem »Management« des Übungsweges: Wichtig ist, dass Sie ein Organ dafür bekommen, in welcher Phase Sie welchen Bereich stärken möchten.

Abgesehen von den Übungen, die helfen das Denken, Fühlen und Wollen besser kontrollieren zu können, sind diese Übungen auch eine notwendige Vorbereitung auf die Meditation. In der Meditation müssen Denken, Fühlen und Wollen frei handhabbar sein. Doch darauf soll in dem Kapitel über Meditation eingegangen werden.

DER ERSTE SCHLEIER

10 Erforschung der Seele

Die Welt der Seele unterscheidet sich sehr deutlich von der sinnlich wahrnehmbaren Welt. Im Gegensatz zu der physischen Welt ist die Innenwelt ein Ort der Kräfte, die keine feste Gestalt besitzen. Dementsprechend befindet sich diese Welt immer in dynamischer Bewegung.

Die Seele ist während der Dauer eines Erdenlebens mit dem Körper verbunden. Tagsüber besteht eine sehr enge Verbindung, in der Nacht, während man schläft, eine sehr lockere. Tagsüber besteht eine fortwährende, wechselseitige Beziehung zwischen dem Körper und der Seele, wobei sich beide gegenseitig beeinflussen. Die seelische Verfassung wirkt sich im Körperlichen beispielsweise als Zustand der Anspannung oder der Entspannung aus. Andererseits löst die Art und Weise, wie der Körper agiert und reagiert in der Seele Formen von Unbehagen oder Wohlbefinden aus.

In der Seele stehen einem die Fähigkeiten des Denkens, Fühlens und Wollens zur Verfügung, die zusammen die Innenwelt bilden, in der man die Beziehung zur sichtbaren Welt erleben kann.

Die Sinnesorgane geben einen objektiven Eindruck von der sinnlich wahrnehmbaren Welt, und aufgrund der bereits gesammelten Erfahrungen mit der Außenwelt macht man sich darüber Gedanken und entwirft sich ein eigenes Bild. Davon leitet man Schlussfolgerungen ab, auf diese Weise entstehen dann Ansichten und Meinungen. Die Gesellschaft, in der man lebt, vermittelt gewisse Verhaltensmuster und durch diese werden gesellschaftliche Normen verinnerlicht. Normen, Ansichten und Meinungen sind feste Bestandteile des denkenden Anteiles der Innenwelt.

Durch die Gefühle entsteht eine innere Verbindung mit der Umgebung. Ereignisse finden in der Außenwelt statt, die man über die Sinnesorgane aufnimmt. Dadurch werden innere Reaktionen in uns hervorgerufen, die damit ein Erleben der Innenwelt ermöglichen. Die Außenwelt offenbart sich in der Innenwelt, die wiederum Auslöser oder Impulsgeber für die erfolgenden Reaktionen ist. Anhand seiner Grundgebärden lässt sich das Fühlen in die Empfindung der Zustimmung oder der Ablehnung, der Sympathie oder Antipathie unterscheiden. Diese lassen sich wiederum in eine Vielzahl weiterer Emotionen und Gefühle, wie Freude und Ärger, Frohsinn und Trauer, Einsamkeit und Verbundenheit differenzieren.

Durch unser Handeln wirken wir aktiv von innen her auf die Welt ein und verändern sie. Der Impuls zum Handeln kann aus Wünschen und Regungen oder aufgrund von Normen oder Idealen entstehen. In unserem Innern lebt ein Drang, der mittels der Muskeln in einer Handlung sichtbar wird.

Die Seele ist das persönliche Gebiet, auf dem diese Kräfte wirksam sind und miteinander in ständiger Wechselbeziehung stehen. Ich nenne dies die persönliche oder subjektive Seelenwelt.

Außerhalb der Seele führen diese Kräfte ein Eigenleben zwischen den Menschen und bilden dort die »Seele der Menschheit«, die allgemeine Seelenwelt. Diese wird auch in dem individuellen Menschen wirksam und veranlasst ihn, sich auf eine bestimmte Art und Weise zu verhalten und zu handeln. Wenn Kräfte dieser allgemeinen Seelenwelt auf eine größere Gruppe von Menschen einwirken, wird das erkennbar in Form einer bestimmten (Sub-) Kultur oder den Bräuchen eines Volkes. Dies nennt man dann »typisch deutsch« oder »typisch englisch«. Vergleichbar den festen Objekten der sinnlich wahrnehmbaren Welt, wie beispielsweise Stühle oder Tische, sind Normen und Meinungen die Bestandteile der Seelenwelt.

Mit Hilfe der Sinnesorgane nimmt man die Ereignisse in der sinnlichen Welt wahr – mit Hilfe der Seelenreaktionen kann man wahrnehmen, welche *Kräfte* in den Ereignissen wirksam sind. Stellen Sie sich beispielsweise vor, dass Sie sich über Ihren Nachbarn ärgern. Der Nachbar ist Teil der sichtbaren Welt, in der die erste Wahrnehmung stattfindet. Sie können sich nun fragen, was genau diesen Ärger bei Ihnen hervorruft. Dann können Sie beispielsweise erkennen, dass es die strengen Normen und Regeln sind, die er in der Erziehung seiner Kinder anwendet. Diese Normen sind in der allgemeinen Seelenwelt Kräfte, die sich in der sichtbaren Welt auswirken, in diesem Fall im Nachbarn. Von der allgemeinen Seelenwelt ausgehend drückt sich die Norm in der sinnlichen Welt aus und wird im Handeln sichtbar. Diese Kräfte der »großen Seelenwelt« nehmen Sie wahr durch Ihren Ärger. Auf diese Weise wird Ihr Ärger zu einem Organ, mit welchem Sie die Kräfte der allgemeinen Seelenwelt wahrnehmen.

Vielleicht stört Sie auch seine laute Stimme, die Ihnen zu aggressiv scheint. Durch ein Gefühl der Antipathie nehmen Sie den Eindruck wahr, den er mit seiner lauten Stimme erweckt. Wenn jemand lauter spricht als eigentlich notwendig wäre, um verstanden zu werden, kommt darin oft zum Ausdruck, dass er den/die anderen auf gebührendem Abstand halten möchte. Das kann Sie verletzen. Mit Hilfe Ihrer Gefühle nehmen Sie dann Ihr inneres Empfinden anderen Menschen gegenüber wahr. Sympathie und Antipathie werden so zu Sinnesorganen für die Wahrnehmung der Kräfte aus der Seelenwelt.

Eine Patientin erzählte mir einmal, dass die unglaubliche Flut an Werbung in der Weihnachtszeit großen Ärger in ihr hervorrief. Wenn sie an die vielen Prospekte und grellen Plakate dachte, richtete sich ihr Ärger nur auf die sinnlich wahrnehmbare Welt. Sie war sich aber auch darüber im Klaren, dass das Weihnachtsfest für sie einen bestimmten Wert als Fest des Schenkens und der Kreativität besaß und dass ihr das Fest als Repräsentation dieser

Qualitäten sehr wichtig war. Also fühlte sie sich in ihren persönlichen Werten durch diese Werbung angegriffen und nahm mit ihrem Gefühl von Ärger wahr, dass in der allgemeinen Seelenwelt ein Kampf tobt zwischen Schenken und Kreativität auf der einen Seite und Habgier auf der anderen Seite. Und das ist ein schwer wiegender Kampf!

Diese beiden Seelenwelten, die eigene Seele und die allgemeine Seelenwelt, die in einem engen Zusammenhang miteinander stehen, kann man nun hinsichtlich ihrer Zusammensetzung und Dynamik zu erforschen beginnen. Ausgangspunkt ist dabei immer ein konkretes Erlebnis.

In einem solchen konkreten Ereignis reagiert die persönliche Innenwelt auf etwas, das in der sinnlichen Außenwelt geschieht. Gefühlssaiten wie Freude, Ärger, Begeisterung oder Enttäuschung werden dabei angeschlagen. Wenn Sie genügend Geistesgegenwart besitzen und sich der verschiedenen inneren Reaktionen bewusst sind, werden Sie feststellen, dass um Sie herum viele verschiedene Kräfte auch außerhalb des Körpers aktiv sind. Die inneren Gefühle haben dabei die Funktion einer Pforte zu den Kräften der allgemeinen Seelenwelt.

In dieser allgemeinen Seelenwelt leben Werte, Stimmungen und Impulse. Dies sind wirkende Kräfte, die einfach existieren. Hinter diesen Kräften in der allgemeinen Seelenwelt verbirgt sich wiederum eine neue Welt, die Welt der *Wesen*, die die Wirkung der Kräfte auslösen: Das ist die geistige Welt. Die Kräfte der Seelenwelt haben eine Wirkung, haben aber keine besondere »Absicht«. Die Wesen der geistigen Welt haben sehr wohl eine besondere Absicht, sie haben Gefühle der Initiative, des Engagements und das Bedürfnis zu handeln. Ihre Absichten werden als Kräfte in der Seelenwelt erkennbar, und als Kräfte wirken sie auf das sichtbare Dasein ein.

Indem man sich der verschiedensten Erlebnisse in der Außenwelt bewusst wird, kann man ein Bewusstsein dafür entwickeln, was in der eigenen und in der allgemeinen Seelenwelt lebt. Das ist die Brücke zum nächsten Schritt, in dem man sich auf die Suche nach den Intentionen der Wesen aus der geistigen Welt begibt.

In den nächsten Kapiteln werden wir uns mit Erlebnissen wie Grenzsituationen durch Stress, Angst oder Unsicherheit beschäftigen. Wir werden betrachten, welches Tor zur allgemeinen Seelenwelt diese Erlebnisse darstellen. Dann werden wir eine ähnliche Strecke zurücklegen, ausgehend von Ereignissen, die uns positiv anrühren und ein reiches Gefühl vermitteln. Schließlich werden wir auf Ereignisse eingehen, die zu spontanem Handeln herausfordern.

Indem man sich diesen Gebieten gegenüber öffnet, entsteht eine neue Qualität der Selbstkenntnis.

Ausgehend von dem, was im vorherigen Teil dieses Buches beschrieben wurde, setzen Sie nun die Fähigkeiten, die Sie hinsichtlich des Erlangens innerer Ruhe geübt haben, aktiv ein. Die Fähigkeit, zu sich selbst auf Abstand gehen und über die eigene Schulter hinweg Ereignisse betrachten zu können, ist die Voraussetzung für die nachfolgenden Schritte. Die Fähigkeiten, die Sie in der Gelassenheitsübung trainiert haben, werden nun vertieft. Sie gelangen auf eine höhere Stufe des Einweihungsweges.

11 »Ja« oder »Nein« sagen: Transition und Feuerprobe

Die Welt der Seele weist viele verschiedene Landschaften auf. Man findet dort schöne, harmonische Landstriche, die mit innerer Ruhe verbunden sind. Ebenso gibt es dort lebendige, bewegte Landschaften, die mit den nach außen gerichteten Tätigkeiten zu tun haben. Es finden sich dort auch Gebäude, die die Stimmungen des sozialen Lebens zum Ausdruck bringen. All dies sind Bilder für die Verfassung der Seele.

In unserem ersten Schritt schilderten wir, wie das Ich einen inneren »Abstand« zur Seele einnehmen kann, und anschließend, wie die Seele beeinflusst werden kann, indem man das Denken, Fühlen und Handeln besser beherrschen lernt. Ferner haben wir uns damit beschäftigt, wie man »schöne Gebiete« in der Seele durch das Herstellen von innerer Ruhe stärken kann.

Wir müssen uns aber klar machen, dass es in der Seele auch eine Unterwelt gibt. In dieser Unterwelt finden sich ganz andere Landschaften: Wüsten der Einsamkeit, Sümpfe der Angst und tiefe Täler der Depression wechseln sich dort ab. Und es gibt auch Stellen, vor denen ein großes Warnschild aufgebaut ist, auf dem geschrieben steht: »Betreten auf eigene Gefahr«. Auch diese Gebiete sind Teil unseres Lebens, und wenn man sich weiterentwickeln oder auf dem Einweihungsweg voranschreiten möchte, muss man auch diese Orte unter seine Kontrolle bekommen, auch wenn man dort mit Schreckensbildern konfrontiert wird, wie sie der Maler Matthias Grünewald dargestellt hat (Abb. 7 im Bildteil nach S.160).

Was sind das für Orte?

Die Unterwelt

Diese Orte in der Seele unterstehen noch nicht ganz unserer Macht. Man erlebt sie oft als mehr oder weniger gefährlich, bzw. ihre Anwesenheit ruft Angst hervor: Angst im Dunkeln, Angst vor Hunden oder die Angst vor Verletztwerden. Oft gibt es einen Zusammenhang zu früheren leidvollen Erfahrungen, aus denen man die unbewusste Konsequenz gezogen hat, so etwas nie wieder erleben zu wollen. Diese Konsequenz kann man bereits in sehr frühen Lebensjahren gezogen haben, was daruafhin zu einer Vermeidungsstrategie führt.

Es gibt auch Eigenschaften, für die man sich schämt. Diese Eigenschaften würde man lieber nicht besitzen, und man hofft eigentlich, dass niemand sie sieht oder kennt. Man versucht, ihre Existenz zu vertuschen, doch das bedeutet auch, dass man für sie keine Verantwortung übernimmt. Beispielsweise gehört dazu so etwas wie das Suchtverhalten der heimlichen Nascher.

Die Gebiete, die sich hinter Ängsten oder Verdrängungen verbergen, werden dann zu Orten in der Seele, auf die man keinen Einfluss hat – der viel zitierte Keller voller Leichen. Doch diese unangenehmen Gebiete sind Teil des Lebens und wollen früher oder später mit in das Licht aufgenommen und zu einem Bestandteil des großen Ganzen werden.

Andere Orte dieser Unterwelt beruhen auf »Löchern«, die entstanden, weil in einer bestimmten Entwicklungsphase Eigenschaften nicht richtig ausgebildet wurden.

Dies gilt beispielsweise für die Herausforderungen, die die Pubertät in der Entwicklung von Selbstsicherheit oder im Umgang mit Erotik an uns stellt. Die Pubertät ist die sensible Phase, in der man lernen muss, eine große Zahl an Fähigkeiten zu beherrschen: Wenn beispielsweise der aufkommende Zorn eines pubertierenden Jugendlichen von seiner Umgebung abgeblockt wird, weil sie Angst davor hat oder ihn verurteilt, wird dadurch die freie Entwicklung des Zorns hin zur Selbstsicherheit gebremst. In späteren Lebensjahren bildet dies ein Loch in der Seele, das Probleme verursachen kann. Gleiches gilt für die Entwicklung von Geborgenheit und Sicherheit in der Kindheit.

Weitaus bedeutender und ebenfalls häufig verdrängt sind die Erinnerungen an traumatische Ereignisse. Welche Erlebnisse traumatisierende Wirkungen haben, ist individuell verschieden. Ein Trauma ist kein Ereignis in der Außenwelt, sondern ein Geschehnis in der Innenwelt. Oft haben die schlimmsten Ereignisse in der Außenwelt nur wenig Auswirkungen auf das Erleben in der Innenwelt, und oft ist es umgekehrt: Ein kleiner Vorfall kann großen Schmerz verursachen. Es hat mich beispielsweise sehr bewegt, dass ein sinnvoller und wichtiger Krankenhausaufenthalt in jungen Jahren oft traumatisch wirken kann. Eine große Zahl von Kindern fühlt sich schrecklich einsam und erlebt, wie sie gerade von den Menschen, die sie am meisten lieben, scheinbar im Stich gelassen werden! Daraus schlussfolgern sie, dass es gefährlich ist, anderen Menschen wirklich zu vertrauen – offensichtlich können sie einen ja ohne Probleme verlassen. Eine gewisse Distanz wird zur Routine.

Solche Traumata werden in jungen Jahren oft verdrängt, was zu diesem Zeitpunkt auch gesund sein kann: Ein Kind weiß oft unbewusst, dass es in seiner Entwicklung nicht weiterkommt, solange dieses Erlebnis in seiner Seele weiterhin vorhanden ist. Es besitzt selbst noch zuwenig Ich-Stärke, um es zu verarbeiten, und es ist auch nicht immer jemand da, mit dessen Hilfe es das Erlebte aufarbeiten könnte. Dann wird diese Erfahrung »geparkt« und die Entwicklung kann fortgesetzt werden. Das ist jedoch nur teilweise der Fall. Im Erwachsenenalter wird nämlich deutlich, dass jener Teil der Seele, in dem die traumatischen Erfahrungen verstaut wurden, für die weitere Entwicklung benötigt wird, wodurch dieser Bereich der Seele auf direktem oder indirektem Wege wieder ins Bewusstsein rückt. Dies kann sich in dem plötzlichen erneuten Auftauchen von Erinnerungen äußern, häufiger jedoch in Form von Albträumen, Krankheiten oder extremer Müdigkeit, wobei die Müdigkeit auch ein Zeichen für den Verlust an Energie ist, welche benötigt wird, um bestimmte Gefühle aus dem Bewusstsein fernzuhalten.

Auf der Suche nach dem Grund für die Entstehung dieser verschiedenen Gebiete in der Unterwelt kann man sich verschiedene »Brillen« aufsetzen, die zu verschiedenen Ergebnissen führen. Eine Brille ist die der Entwicklungspsychologie, die die Ursache für das Entstehen solcher Kräfte der Unterwelt in der Kindheit und Jugend sucht. Je nachdem, welche Erfahrungen das Kind im Umgang mit seinen Eltern, mit seinen Geschwistern, den Klassenkameraden und Lehrern in der Schule macht, können Sicherheit oder Unsicherheit, Ängste oder Traumata entstehen. Setzt man die genetische Brille auf, so wird man die Ursache in den Erbanlagen, die in der Familie wirksam sind, suchen. Die Neigung zu Zornausbrüchen ist dann sozusagen vom Vater oder Großvater weitervererbt worden.

Und dann gibt es noch die Brille des Karma. Diese sieht die Zusammenhänge zwischen den Eigenschaften dieses Lebens und dem, was man in früheren Leben tat und erlebte. In unserer Gesellschaft werden die Gesetzmäßigkeiten des Karma schnell mit einer kalvinistischen Bedeutung belegt, die geneigt ist, in Kategorien wie Schuld und Sühne zu denken. Karma hat jedoch nichts mit einer Strafe für vergangene Sünden zu tun. Ich spreche deshalb statt von karmischen Gesetzmäßigkeiten lieber von den Gesetzmäßigkeiten der Konsequenzen, der Folgen. Alles was man tut, hat seine Konsequenzen, die man zu tragen hat. Dies gilt für die kleinen, alltäglichen Dinge ebenso sehr wie für größere Dinge des Lebens, sogar über die Grenzen mehrerer Leben hinweg.

Es ist im Rahmen dieses Buches nicht notwendig auszudiskutieren, welche dieser Brillen die richtige ist. Es ist interessant, sie zu erwähnen und auf ihren Wahrheitsgehalt und ihre Wirksamkeit hin zu befragen.

Wenn man auf dem Einweihungsweg voranschreitet, wird sich die Aufmerksamkeit immer mehr auf die geistige Welt richten. Das ist eine Welt von hoher Moralität und Liebe. Sie kennt weder Eigennutz noch Angst. Um diese Welt betreten zu können, müssen jene Anteile der Seele, die nicht von Liebe und Moralität erfüllt sind, gereinigt werden – dies sind die Gebiete der Unterwelt. Erst dann kann man in Freiheit die geistige Welt betreten. Dementsprechend bedarf die Unterwelt unserer gesteigerten Aufmerksamkeit.

Eine weitere Gesetzmäßigkeit besteht darin, dass durch das Beschreiten des Einweihungsweges in der Seele eine größere Spannung zwischen dem auf die Großartigkeit des Geistigen gerichteten Anteil und der Sphäre der Unterwelt entsteht. Schreitet man auf diesem Weg voran, wird die Diskrepanz zwischen den beiden Regionen bewusster und das führt zu diesem Spannungsverhältnis. Das gesamte Spektrum der Moralität, das in den Gedanken lebt, verlangt danach, ausgelebt zu werden. Auch diese Tatsache trägt dazu bei, dass man sich mit der Unterwelt auseinandersetzen muss. Wenn der Abstand zu groß wird und man sich nur noch mit dem schönen Teil der Seele identifiziert, verliert man erst recht die Kontrolle über die Unterwelt. An dieser Stelle passt der Ausdruck: Wo viel Licht, ist auch viel Schatten.

Im Laufe des Lebens wird man also mit den Kräften der Unterwelt konfrontiert. Das ist ein natürlicher Teil der Entwicklung. Diese Konfrontation ist nicht angenehm und man verspürt viele Gründe sich zu schämen, aber es handelt sich nun einmal um eine Gesetzmäßigkeit, der wir alle unterliegen.

Wenn die Konfrontation mit der Unterwelt stattfindet, kann man »Ja« oder »Nein« dazu sagen. »Ja-Sagen« bedeutet, sich seiner Scham stellen, seinen Mut zusammennehmen und dem Blick in den Spiegel der eigenen Persönlichkeit standzuhalten. Dies ist natürlich sehr schmerzhaft und verursacht Verwirrung und Zweifel. Oftmals sagen wir deshalb zuerst »Nein« und versuchen der Konfrontation mit uns selbst zu entgehen – was auch für eine gewisse Zeit funktioniert. Damit setzen wir den Verdrängungsprozess wieder in Gang und räumen (vermeintlich) in der Seele auf. Verdrängung bedeutet aber, etwas wegzudrängen. Man verdrängt eine Erinnerung aus der Seele; diese Erinnerung muss dann irgendwo hin, und es ist unser Körper, in dem dieses Paket dann landet. Der Körper ist dazu bereit, es in gewissem Ausmaß und für eine bestimmte Zeit aufzunehmen, aber irgendwann ist er überfordert. Dann wird es für den Körper wiederum zu einer Belastung, und er äußert dies, indem er nicht mehr richtig funktioniert. Auf dem Umweg über den Körper bekommt man nun wieder die Spannung zu spüren. Eine andere Folge ist, dass das Verdrängen zunehmend mehr Energie kostet, die für andere Aktivitäten verloren geht. Unter Umständen beginnt auch das Immunsystem darunter zu leiden, was sich in einer erhöhten Anfälligkeit für Infektionen, die nur schwer wieder verschwinden, äußert. So verfügt der Körper über verschiedene Kreisläufe, mittels derer er auf die Verdrängung reagieren und anzeigen kann, wann eine Grenze erreicht ist.

Eine andere Methode »Nein« zu sagen, ist die der Betäubung. So spürt man die Spannung in der Seele nicht mehr und lenkt die Aufmerksamkeit vom Spiegel der Persönlichkeit ab. Man kann sich beispielsweise mit Zigaretten, Alkohol, harten Drogen, viel Arbeit oder mit einer neuen Partnerschaft betäuben. Oder man nimmt Medikamente ein, die die Beschwerden lindern. Doch das sind oft nur Trostpflaster, die auf lange Sicht gesehen dafür sorgen, dass die Spannung nur größer wird.

Der Vollständigkeit halber möchte ich noch erwähnen, dass es Situationen geben kann, in denen all diese Betäubungsstrategien auch eine nützliche Funktion erfüllen können, indem sie die Spannung so erträglich wie möglich halten, sodass wir die Konfrontation mit dem Spiegelbild unserer Persönlichkeit aushalten können. Wir sind jedoch nur selbst in der Lage zu beurteilen, ob die dahinterstehende Absicht eine der Flucht oder eher eine Form der Weisheit ist.

Wie lange wir das Nein Sagen durchhalten können, unterliegt größeren Gesetzmäßigkeiten des Lebens, als wir normalerweise überschauen. Es ist uns nicht immer gegeben, diese Gesetzmäßigkeiten zu durchschauen, und wenn das Leben in eine bestimmte Richtung weiterlaufen möchte, kann das bedeuten, dass wir uns der Begegnung mit uns selbst stellen müssen.

Wenn durch das Alter gewisse Dinge unmöglich geworden sind oder durch den Wegfall der Arbeit die tägliche Ablenkung fehlt, werden bestimmte Begegnungen unvermeidlich. Dann hilft auch das »Nein« nicht mehr, es wird trotzdem etwas geschehen, ob wir es möchten oder nicht.

Der Seelenweg, der beim Nein Sagen beschritten wird ist ein anderer als der beim Ja Sagen. Diese beiden Gesetzmäßigkeiten werden wir nun betrachten.

Nein sagen: die Transition

Wir werden uns nun zuerst in die Gesetzmäßigkeiten vertiefen, die innerlich stattfinden, wenn man sich gegen eine notwendige innere oder unvermeidliche äußere Veränderung wehrt.

Die Psychiaterin Elisabeth Kübler-Ross hat viele Forschungen mit Krebspatienten durchgeführt. Diese Menschen wurden damit konfrontiert, dass sie sich in absehbarer Zeit von ihrem Leben und den ihnen nahe stehenden Personen verabschieden mussten. Kübler-Ross beschreibt in ihren Veröffentlichungen, wie diese Menschen verschiedene Phasen durchlaufen, bis sie die Tatsache dieses Abschieds in ihre Realität aufnehmen können, mit anderen Worten: wie sie zur Akzeptanz, zu einem Ja gelangen.

John Adams und Sabina Spencer untersuchten im Rahmen ihrer Organisationsberatung die Reaktionen von Menschen, die auf eine andere Art und Weise mit Veränderungen in ihrem Leben konfrontiert wurden, beispielsweise Personen, die entlassen wurden, in Rente gingen oder mit einer betrieblichen Umstrukturierung konfrontiert wurden. Auch Menschen, die gezwungen waren, mit anderen großen Veränderungsprozessen durch Krankheiten, Scheidungen u.ä. umzugehen, wurden in ihre Untersuchungen einbezogen. Sie beschreiben einen Prozess, der auf den selben Gesetzmäßigkeiten beruht, wie die von Kübler-Ross beschriebenen. Sie nennen diesen Prozess »Transition«, Übergang. In beiden Untersuchungen geht es um Individuen, die unerwartet und unerwünscht in einen Veränderungsprozess geraten, gegen den sie sich innerlich zur Wehr setzen.

Wie sieht dieser Übergangsprozess aus? Ich werde ihn an dieser Stelle mit meinen eigenen Worten beschreiben und ihn anschließend mit dem Prozess vergleichen, den man durchläuft, wenn man Ja sagt.

Ein erstes Anzeichen für die Transition, den Übergang, ist oft ein Gefühl des Unbehagens: Man fällt aus seinem gewohnten Rhythmus, das Leben wird (wenn auch nur ein wenig) bedrohlicher und man ist verunsichert im Hinblick auf das, was in der Luft hängt. Das verursacht Unbehagen. Was soll man sagen? Ja oder Nein? Ist man neugierig? Traut man sich, die Sicherheit zu verlassen, oder gewinnt die Angst, das Bedürfnis nach Sicherheit und Stabilität die Oberhand?

Nein zu sagen bedeutet in erster Linie, das Geschehen zu verleugnen. Man verhält sich so, als ob nichts los wäre, spricht über die Veränderung, als ob das alles nichts zu bedeuten hätte. Als Zuhörer hat man dabei oft ein befremdendes Gefühl. Beispielsweise erzählte mir einmal ein Patient, dass er sich zur Scheidung entschlossen hätte – er hatte sich in eine neue Frau verliebt. Seine Ehe lief schon seit geraumer Zeit nicht mehr gut, also erschien es ihm besser, sich zu trennen. Die Kinder würden sich schon daran gewöhnen, schließlich würden sie ja gute Freunde bleiben, oder? Hätte jemand uns zugehört und die Sprache nicht verstanden, wäre weder durch Gesichtsausdruck noch Stimme deutlich geworden, dass es sich hierbei um eine kleine Tragödie handelte. Der Mann hatte die Tatsache der Scheidung zwar nicht verdrängt, die emotionale Wirkung jedoch schon.

Nach geraumer Zeit funktioniert diese Verdrängung einfach nicht mehr. Die Tatsachen holen einen ein, weil die Folgen der Tat wirksam werden. Dann kommt man in eine nächste Phase: Das Ereignis wird nun nicht mehr verleugnet, doch statt dass man ihm nun den gebührenden Stellenwert einräumt, den Schmerz spürt und sich den Konsequenzen seines Handelns stellt, wird großer Zorn entfacht. Man wird wütend auf diese Situation und fühlt sich als der Dumme. Dieser Zorn äußert sich oft darin, dass man anderen gegenüber Schuldzuweisungen ausspricht, die dann die volle Ladung abbekommen. Die innere Spannung wird nicht ausgehalten, sondern auf jemand anderen projiziert. Beispielsweise stand neulich ein Artikel über einen Mann in der Zeitung, der ein Zigarettenunternehmen verklagt hatte. Vom Rauchen hatte er Lungenkrebs bekommen und seiner Meinung nach war das Zigarettenunternehmen schuld daran. Denn das Unternehmen hatte nicht deutlich genug auf der Packung ausgewiesen, welche gesundheitsschädlichen Stoffe in einer Zigarette enthalten sind. Natürlich hat er schon immer um die Schädlichkeit des Rauchens gewusst, sich die Konsequenzen aber nie vor Augen gehalten. Zu akzeptieren, dass man lange Zeit etwas verdrängt hat, ist sehr schmerzhaft. Es ist viel einfacher, auf jemand anderen wütend zu werden. Doch das hilft einem auch nicht weiter …

Einem anderen die Schuld zu geben, ändert wenig an der eigenen Situation: Man wird nach wie vor damit konfrontiert. Manche Leute verharren in dieser wütenden Phase und werden zunehmend verbittert. Andere überwinden die Wut. Sie akzeptieren das Problem und begeben sich auf die Suche nach einer Lösung.

Charakteristisch für diese Phase ist, dass das Lösen der Probleme nicht auf der richtigen Ebene stattfindet. Es wird nach Lösungen gesucht, die nicht allzu einschneidend sind, wobei man versucht, doch noch einige der Konsequenzen zu umgehen. Dies nenne ich die Phase des Feilschens, in der mit dem Leben verhandelt wird. Beispielsweise geben manche Menschen oft im Falle einer Überbelastung, eines Burn-Outs, nur einige ihrer Aufgaben ab, um dann wieder den Anforderungen gewachsen zu sein. Diese Maßnahme wäre in einem früheren Stadium sinnvoll gewesen, ist jetzt jedoch viel zu spät.

Die so erfeilschten Lösungen haben nicht die richtige Wirkung – und irgendwann gibt man dies auch zu. Dann steht man plötzlich wieder vor dem Problem, mit dem man sich schon so lange herumschlägt, doch begegnet es einem nun in seinem vollen Umfang. Man kann es nicht mehr verleugnen, die Schuldfrage ist nicht mehr von Bedeutung, die Scheinlösungen funktionieren auch nicht mehr. Und was nun? Die Konfrontation mit dem Gefühl der Ohnmacht angesichts einer notwendigen Lösung oder dem Schmerz, den eine Lösung verursachen kann, wird einem mit einem Mal bewusst. Es wird ganz still und dunkel um einen herum und man taucht langsam in eine Depression ab.

Eine Depression entspricht einem Aufgeben. Mit einer gewissen Gleichgültigkeit überlässt man sich dem Gefühl der Trostlosigkeit, ein noch tieferes Eintauchen bedeutet Hoffnungslosigkeit und Verzweiflung. Die Sicherheit, auf die man meinte, sich stützen zu können, gibt es nicht mehr. Die Erwartungen, die man an seine Zukunft stellte, scheinen wertlos zu sein, ebenso das Bild, das man von sich selbst hatte, dass man beispielsweise zuverlässig, wichtig oder stark sei. Es entsteht ein großes schwarzes Loch und man fragt sich, woher jetzt noch etwas kommen kann, das in dieser trostlosen Verfassung ein Lichtblick sein könnte. Durch das Verdrängen, die Wut und das Feilschen sind diese Gefühle der Unsicherheit und der Angst hinsichtlich einer ungewissen Zukunft zurückgehalten worden. »Alles andere, nur das nicht!«, war dabei oberstes Prinzip. Nun stellt sich wieder die Frage: Setzt man diesen Prozess fort oder stagniert man? Wird es noch ein neues Leben nach der Depression geben oder nicht?

Es gibt eines. Es kann ein neues Leben entstehen. Kübler-Ross beschreibt in ihrem Werk, wie die Krebspatienten nach dieser Phase der Depression in eine Phase der Akzeptanz übergehen, in der man dazu bereit ist, sich der unvermeidlichen Tatsache des herannahenden Todes zu fügen. Dies ist verbunden mit einem Gefühl der Ruhe und Ergebenheit, es entsteht eine gewisse Art der Weisheit, die sich auch auf die Umgebung auswirkt. Anstelle der Verzweiflung entsteht nun eine Art Trost.

Woher stammen diese Ergebenheit und diese Weisheit? Sie stammen aus einem tiefen Brunnen: Während der Depression trank man aus dem Brunnen der Weisheit.

Stellen Sie sich einen Brunnen vor. Ein Brunnen hat meist einen tiefen Schacht. Dort unten ist es kalt, dunkel und feucht. In dem Brunnen ist man abgeschottet von den anderen, von Licht und von Wärme. Während man lieber oben bei den anderen wäre, ist es in dem Brunnen eher trübsinnig. Doch am Boden des Brunnens entspringt die Quelle, die Quelle des Lebens, in der auch im Unterbewusstsein die Weisheit über das eigene Leben aufbewahrt wird. Diese Weisheit ist bei der Geburt in das Unterbewusstsein abgetaucht, existiert dort aber noch. In der Einsamkeit des Brunnens, an diesem dunklen Ort, an dem man ganz allein ist, trinkt man von dieser Quelle des Lebens. In der Phase der Depression kehrt man zur Quelle des Lebens zurück, schöpft aus dem Brunnen der Weisheit und kann dann wieder nach oben zurückkehren.

Was ich hier über die Depression gesagt habe, gilt natürlich nicht für jede Depression. Depressionen können auch auf einem psychiatrischen Krankheitsbild beruhen, das einer intensiven Behandlung bedarf.

Spencer und Adams beschreiben auch, wie sich nach einer Depression alles allmählich wieder aufhellt. Es kommt wieder Bewegung ins Leben, es entsteht ein neues Interesse daran, das Leben fortzusetzen. Doch dafür muss man sich zuerst von den alten Dingen lösen, bestimmte Gewohnheiten oder Erwartungen müssen abgelegt werden, wenn man während der Zeit im Brunnen festgestellt hat, dass sie nichts mehr nützen. Wenn es beispielsweise darum geht, den Verlust der Arbeit durch Pensionierung oder Kündigung zu verarbeiten, muss man dazu bereit sein, diese Arbeit auch loslassen zu können. Dies gilt auch für die Kollegen, mit denen man sich während der Arbeit verbunden fühlte und für die Wertschätzung, die man in dieser Zeit erfuhr. Man muss dazu bereit sein, nach einem neuen Lebensrhythmus zu suchen. Beim Verlust eines sehr nahe stehenden Menschen muss man alle Erwartungen und Vorstellungen von einer gemeinsamen Zukunft mit diesem Menschen aufgeben.

Die gesamte Verantwortung für das, was noch kommen wird, liegt nun bei einem selbst. Man muss diese auf sich nehmen, das Alte zurücklassen. Lediglich die daraus gewonnenen Erfahrungen können Sie mitnehmen, denn diese sind in Ihrem »neuen Leben« hilfreich.

Was ist dieses neue Leben? Man weiß es noch nicht genau, man kommt in die nächste Phase, die des Experiments. Beginnen Sie, mit dem Neuen zu experimentieren. Was passt zu einem in dieser nächsten Phase? Ein Beispiel: Mein Vater gründete nach seiner Pensionierung einen Fotoclub. Eine ganze Weile war er mit dem Fotografieren und den Menschen dieses Clubs sehr beschäftigt und er genoss diese Zeit. Doch später wurde ihm klar, dass dieses Experiment ihm nicht die Art von Befriedigung gab, nach der er suchte und er hörte wieder damit auf. Der Club blieb bestehen. Es ist wie bei allen Experimenten: Jedes Experiment hat seinen Sinn. Indem man etwas ausprobiert, kommt man dem, wonach man sucht, näher. Mein Vater begann dann mit Malerei, und diesmal war es die richtige Entscheidung. Ein anscheinend misslungenes Experiment bringt Sie immer einen Schritt näher ans Gelingen.

Letztendlich steht am Ende dieses Übergangsprozesses eine neue Integration. Man ist zum Teil ein anderer Mensch geworden, mit einem anderen Lebensinhalt und einer anderen Lebenseinstellung. Man hat alte Anteile abgelegt, neue sind hinzugekommen. Man ist durch Schmerzen und Entbehrungen, durch große Unsicherheit hindurchgegangen und hat auf diese Weise ein größeres Maß an Lebenserfahrung erworben.

Betrachten wir noch einmal die Reihenfolge dieser einzelnen Phasen: Unbehagen, Verleugnung, Wut, Feilschen, Depression, das Alte loslassen, mit dem Neuen experimentieren, neue Integration.

Diesen Prozess kann man in einem Diagramm abbilden:

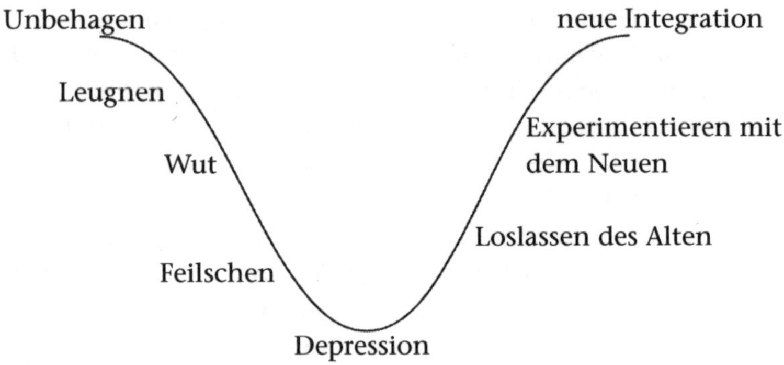

Diagramm 1: Die Transition

Diese Transition scheint sich geradlinig durch die einzelnen Phasen hindurchzuziehen, was in der Realität natürlich nicht der Fall ist. Durch manche Phasen geht man sehr schnell und fast unmerklich hindurch, während man für andere sehr viel länger braucht. Oder man ist bereits auf einer neuen Stufe angekommen, fällt aber aufgrund irgendwelcher Umstände für eine gewisse Zeit wieder auf die vorherige Stufe zurück. Im Großen und Ganzen bleibt der Prozess jedoch immer erkennbar.

Die Transition ist ein Prozess, in welchem das Nein Sagen das Leitmotiv ist. Die Verleugnungsphase ist ein Indiz dafür, dass man sich über die Konfrontation mit sich selbst oder seiner momentanen Situation keine Gedanken machen möchte. Die besondere Herausforderung dieser Phase besteht darin, das Bevorstehende in sein Denken zu integrieren. In der wütenden Phase möchte man die Gefühle, die mit dieser Konfrontation zusammenhängen, nicht wahrnehmen. Also richtet man die Wut lieber nach außen, als dem Schmerz oder der Einsamkeit zu begegnen. In dieser Phase besteht die Herausforderung darin, die wirklichen Gefühle zuzulassen.

Damit betritt man ein nächstes Gebiet, das des Willens. In der Phase des Feilschens sucht man nach Lösungen, jedoch nach solchen Lösungen, die keine großen Umstellungen im Bezug auf die Lebensart oder die Lebenseinstellungen, die einem Sicherheit verleihen, verlangen. In dieser Phase ist man auf der Suche nach der Bereitschaft, diese Umstellungen annehmen zu können, indem man oftmals feststellen muss, dass die bisherigen Lösungen nichts mehr bringen. Darauf folgt dann die Depression, in der man sich dem Sein ergibt, dem tiefen schwarzen Loch – dessen Existenz man kannte, aber nicht zulassen wollte.

Auf die Depression folgt das Loslassen der alten Ansichten und Gewohnheiten. Man beginnt sein Denken und seine Gewohnheiten aufzuräumen und zu ordnen. Das Denken und Handeln verändert sich, Neues kann Platz greifen. Letztendlich ist ein neuer Mensch entstanden. Bei kleineren Übergangsprozessen, die nur kurze Zeit andauern, kann das ein geringfügig anderer Mensch sein, bei größeren Übergangsprozessen ein vollkommen erneuerter Mensch.

Auf diese Weise wird das Ich unbewusst durch die verschiedenen Gebiete geführt. Am Anfang ist das Ich in einer bestimmten Weise mit seinem Denken, Fühlen und Wollen verbunden: Zuerst durchläuft es das Gebiet des Denkens, dann das Gebiet des Fühlens und anschließend das des Handelns. Dabei begegnet es der Welt der Gedanken, der Gefühle und der Impulse. Dann wird das Ich durch das Gebiet des Seins geführt, aus dem es sich mit neuer

Kraft erhebt, um das Denken, Fühlen und Handeln aufzufrischen und an die neue Situation anzupassen. Die Gesetzmäßigkeiten des Übergangsprozesses gelten sowohl für kleinere Ereignisse als auch für große. Bei wichtigen Angelegenheiten können die Phasen über Wochen oder Monate gehen, in kleineren kann sich alles innerhalb weniger Minuten abspielen.

Ich möchte noch ein Beispiel aus dem Alltag bringen: Unsere Familie hatte sich zum Bowling verabredet. Als wir bei der Bowlingbahn ankamen (die wir nicht reserviert hatten), mussten wir feststellen, dass sie wegen eines Wettkampfes geschlossen war. Wir hatten dafür Verständnis und machten uns wieder auf den Heimweg (Verleugnung). Zu Hause ärgerten wir uns maßlos über »das blöde Bowlingcenter«, das seine Öffnungszeiten nicht deutlich genug in seinen Prospekten ausgewiesen hatte. Nun hatten sie uns den schönen, gemütlichen Abend verdorben (wütende Phase). Dann kamen wir überein, zu einem späteren Zeitpunkt an diesem Abend nochmals hinzufahren (Feilschen). Das war jedoch nicht besonders sinnvoll, weil es dann für unsere Kleinen zu spät werden würde. Letztendlich machte sich Enttäuschung darüber breit, dass der gemütliche Abend in seiner geplanten Form nicht mehr durchführbar war (Depression). Erst danach entstand wirklich Raum für eine neue Gestaltung des Abends. Die unerwünschte Veränderung lag in der Tatsache, von der Vorstellung eines gemütlichen Bowlingabends Abstand nehmen zu müssen. In dem Übergangsprozess ging es dann darum, das Gefühl der Enttäuschung zuzulassen, damit daraus etwas Neues entstehen konnte.

Wenn man sich gemeinsam in der wütenden Phase befindet, ist das ein klassischer Moment sich zu streiten, meistens ohne Grund ...

Ja sagen

Wenn man den unvermeidlichen Veränderungen mit einem Ja begegnet, durchläuft man einen völlig anderen Prozess. Es ist im Grunde die beschriebene Kurve des Übergangsprozesses, nur spiegelverkehrt. Im Rahmen des Einweihungsweges kann man dies den Weg der Feuerprobe nennen. Hier geht es darum, sich eben nicht wie der Dumme zu fühlen, wenn einen plötzlich etwas ereilt: Während bei dem Übergangsprozess äußere Umstände das Ich zur Veränderung zwingen und die Zeit sozusagen dafür sorgt, dass der Prozess weitergeht, behält man in der Feuerprobe das Ruder selbst in der Hand. Es ist wie in der Geschichte eines Ritters, der auszieht, um Abenteuer zu erleben. Er wäre kein echter Ritter, wenn er nicht allen Hindernissen, die ihm unterwegs begegnen, mutig entgegenträte. Aufgrund der Erfahrungen, die er auf seinem Wege sammelt, verändern sich seine Ansichten über das Leben und er entwickelt neue Fähigkeiten.

Es handelt sich bei diesem Prozess um äußerst komplizierte Gesetzmäßigkeiten. Nachdem ich eine Zeitlang in einer Forschungsgruppe den Übergangsprozess untersucht hatte und die Kurve sah, fiel mir auf, dass diese in einem Bogen nach unten, also in die Tiefe, verlief. Ich war fest davon überzeugt, dass es auch eine entgegengesetzte Kurve geben müsste, die einen Bogen nach oben beschreibt; ein Weg führt unten, einer oben entlang. Ich versuchte dieses Spiegelbild herzustellen, indem ich nach etwas Positivem suchte, das jeweils im Denken, Fühlen und Handeln stattfindet, wenn man Ja sagt. Ich war damit jedoch nicht zufrieden, bis ich herausfand, dass der Weg zuerst über den Willen, dann über das Fühlen und schließlich über das Denken verläuft.

Der Weg des Ja Sagens beruht auf einer neugierigen Haltung dem Leben gegenüber. Es ist ein abenteuerlicher Weg, auf dem man Mut braucht, um sich dem Neuen immer wieder anpassen zu können, und auf dem man bereit sein muss, sich dem Lauf der

Dinge auszusetzen. Wenn der Ritter auf seiner Suche nach der Prinzessin statt ihrer einem Drachen begegnet, kann er sich doch nicht einfach davonstehlen …

Ein Ereignis, welches für den einen einen Übergangsprozess darstellt, kann für den anderen eine Feuerprobe bedeuten. In einer Verfilmung der Entdeckung Amerikas durch Christoph Kolumbus bestand die Mannschaft seines Schiffes zum Teil aus Abenteurern, zum Teil aus Männern, die angeheuert hatten, um dadurch einer Gefängnisstrafe zu entgehen. Als sie bereits vier Wochen unterwegs waren, wurden die Nahrungsmittel allmählich knapp, sodass die Mannschaft unruhig wurde und meuterte. Sie verlangte, Kolumbus solle umkehren. Dieser stellte einfach nur fest: »Unsere Nahrungsmittel reichen noch für zwei Wochen. Zurückzufahren dauert vier Wochen, dann werden wir wohl sicher vor Hunger umkommen. Wenn wir weiterfahren, haben wir zumindest die Chance, Land zu entdecken und somit auch neue Nahrungsmittel zu finden.«

Es bestand also die Gefahr zu verhungern. Alle waren verunsichert, was bei der Mannschaft zu großer Angst führte. Sie landeten in einem Übergangsprozess. Kolumbus wählte das Abenteuer und begegnete den Problemen mit einem Ja. Er ging dabei freiwillig das Risiko des Verhungerns ein, er beschritt den Weg der Feuerprobe.

Bevor ich nun diesen Prozess der Feuerprobe darstellen werde, möchte ich noch darauf hinweisen, dass diese beiden Prozesse nicht strikt voneinander zu trennen sind. Häufig wechselt man von der Feuerprobe in den Übergangsprozess, wenn man den Mut verliert. Man kann jedoch andererseits auch den Mut wieder finden und auf die positive Kurve überwechseln.

Wenn man im Leben mit einem plötzlichen Wandel konfrontiert wird, zeigt sich dies oft in Form eines körperlichen Unwohlseins. Wenn man genügend Geistesgegenwart besitzt, um das zu erkennen und dem mit einem Ja begegnen möchte, muss man dazu bereit sein, den Schritt ins Ungewisse zu wagen. Die erste Herausforderung dabei ist das Zeigen von Mut: Schließlich wird man

Dinge erleben, die sehr schmerzhaft sein können, und man muss dazu bereit sein, alle bisher gewohnten Sicherheiten aufzugeben. Mutig sein bedeutet, kämpferisch sein, körperlich wie psychisch. Dabei wird also zuerst der Wille angesprochen. Will man sich auf diesen Weg begeben? Ist man zum Kämpfen bereit?

Ist man mutig genug, gelangt man in ein neues und unbekanntes Gebiet. Oft fehlen einem die Worte, um das, was einem dort begegnet, erklären zu können. Man versucht, hinter die Kulissen zu schauen, um die neue Situation zu begreifen. Es wird einem bewusst, dass dieses Ereignis mit nichts bereits Bekanntem vergleichbar ist und in bislang unbekannten Zusammenhängen steht. Es wird also etwas von mir verlangt, es besteht die Chance, mir selbst und anderen Menschen auf eine tiefere Art und Weise zu begegnen. Jetzt betrachtet man zuerst seine eigene Seele und begegnet der großen Vielzahl an dort wirkenden Kräften: Ansichten, Normen, Emotionen und Ängste kämpfen in der Seele um die Vorherrschaft. Oftmals bestehen große Unterschiede zwischen den Ansichten, Normen und Werten, oder zwischen den verschiedenen Emotionen und Trieben. Man wird beispielsweise durch die Bemerkung eines anderen verletzt. Das schmerzt! Man fühlt sich zurückgewiesen und verliert so für einen kurzen Moment die Beziehung zu dem anderen. Dies wiederum ruft ein Gefühl der Einsamkeit hervor, das einem Angst machen kann. Um sich dagegen zu wehren, spricht man gern Schuldzuweisungen aus, Wut entsteht. Diese Wut bewirkt jedoch nur, dass ich wieder abgewiesen werde, wodurch ich wieder alleine bin. Was tue ich jetzt? Verwirrung entsteht, doch die Zeit schreitet voran und man sollte jetzt handeln. Wenn ich selbst nicht ordnend eingreife, wird sich die Ordnung schon automatisch wieder herstellen – diesen Mechanismus eignet man sich gern an, um Situationen dieser Art zu überstehen, denn dadurch wird ein Teil der Emotionen verdrängt, bestimmte Impulse werden zurückgehalten und nach außen wird eine akzeptable Reaktion sichtbar. Befriedigend ist das Ergebnis in der Regel nicht, und noch weniger zeugt dieses Vorgehen von einer Anwesenheit des Ich. Aber man kann weiterleben – und darum geht es ja in einem solchen Moment. Diese Phase nenne ich die Stufe der Verwirrung. Wenn solch eine Situation länger andauert oder solches öfters erlebt wird, beginnt man mit der Zeit, aufgrund der Wiederholung bestimmte Muster dieser Verwirrung zu erkennen. Diese Erkenntnis kann dazu führen, dass die Verzweiflung in den Hintergrund tritt und wirksame Prinzipien deutlich werden. Was zuerst sehr chaotisch erschien, lässt sich als eine konstante Dynamik erkennen. Man beginnt zu sehen, welche Gefühle wesentlich sind und welche Reaktionen hervorgerufen werden, um die Situation beherrschen zu können. Wenn ich mich dem aufmerksam zuwende, kann ich die Auswirkungen der Ansichten, die ich durch Erziehung und Gesellschaft vermittelt bekam, unterscheiden und kann erkennen, welche typisch für mich selbst sind. Dies gelingt aber nur dann, wenn ich den Mut aufbringe, das zu betrachten, was sich in meiner Seele abspielt. Nach der Verwirrung kommt das Unterscheiden.

Diese Unterscheidung lässt sich noch erweitern, indem man sie im Zusammenhang mit seinem Leben, dem großen Ganzen, betrachtet. Welche Rolle spielt dieses Ereignis für mein Leben? Welche Spuren hat es hinterlassen, welche Menschen sind damit verbunden? Welche Werte spielen eine Rolle und wohin werden diese mich führen? Sobald man erkennt, wie ein einzelnes Ereignis in einen größeren Rahmen gestellt werden kann und wie eine gewisse Ordnung wirksam werden konnte, sobald man sieht, wozu einen diese Erkenntnis geführt hat und was man daraus lernen und entwickeln kann, stellt sich oft große Verwunderung ein. Man sieht sein Leben plötzlich in einem größeren Zusammenhang, wie auf einem farbenprächtigen Bild. Dies ist die Phase der Übersicht.

Der Weg, den man mit der Feuerprobe beschreitet, ist ein Weg in das Innere, eine Suche in der Welt der Kräfte der eigenen Seele. Er führt zu einer neuen und tieferen Verbindung mit dem eigenen

Leben. Aber isoliert von allen Zusammenhängen ist Erkenntnis zunächst bedeutungslos. Sie ist zwar interessant, aber noch sehr viel wertvoller, wenn sie dazu führt, auf neue Art im Leben zu stehen. Das Erkannte muss zum Teil des Lebens werden.

Das führt zu der Frage: Was bedeutet diese Erkenntnis für die Art und Weise, wie ich im Leben stehen will? Wie werden neu erworbene Erkenntnisse praktisch umgesetzt? Dies ist die Phase der Realisierung. Diese geht wiederum einher mit vielen Rückschlägen und Versuchen. Schließlich kommt eine Phase der neuen Integration. Ein neuer Mensch ist aus dem alten auferstanden. Bei diesem Prozess wurden ebenfalls alte Anteile zurückgelassen und neue Anteile gebildet.

Auch dies kann man in einem Diagramm veranschaulichen:

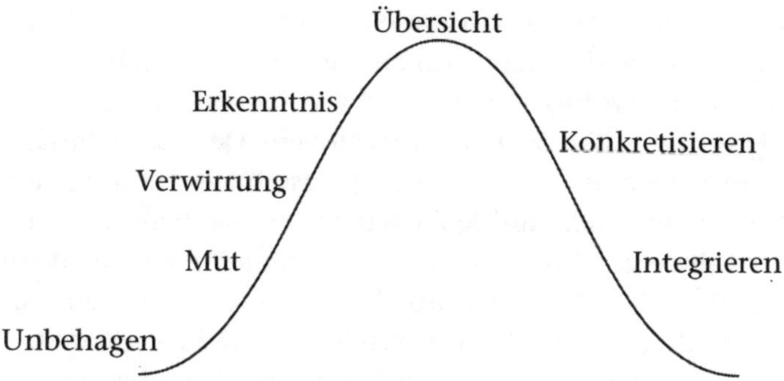

Diagramm 2: Die Feuerprobe

Bei dem Prozess der Transition ging es darum, wie man mit einem Problem konfrontiert wurde. Die innere Reaktion darauf war ein Nein. Dieses Problem musste zuerst – über den Umweg der Verleugnungsphase – in das Denken integriert werden. Nachdem es dort integriert worden war, musste es sich seinen Platz im Fühlen, danach im Wollen und schließlich im Leben selbst erkämpfen. Erst danach war es möglich, etwas Neues aufzubauen. Während der Feuerprobe durchlebt man einen anderen Prozess in der Seele: Zuerst wird der Wille angesprochen, der Mut. In der Phase der Verwirrung kommt es zum inneren Erleben, man befindet sich in der Welt der Gefühle. Ohne sich dessen bewusst zu sein, muss man diese Phase durchhalten, bis man allmählich über das Denken die Botschaft dieses Ereignisses zu durchschauen beginnt. So entsteht schließlich in einem lebendigen Bild eine neue Übersicht über das eigene Leben. Diese Übersicht ist ein positives Spiegelbild der Depression des Transitionsprozesses. Während bei der Transition die Rede von Leere, Einsamkeit und Verzweiflung war, verfügt man in der Phase der Übersicht über Erfüllung, Verbundenheit und Hoffnung.

Nach dieser theoretischen Darstellung möchte ich ein praktisches Beispiel bringen. An einem Sonntagmorgen saß ich am Schreibtisch und arbeitete an diesem Buch. Als ich eine Pause benötigte, stieg ich die Treppe hinab, um ein Glas Milch zu trinken. Ich trat ins Wohnzimmer – und was musste ich da sehen? Meine Frau hatte den Esstisch verschoben! Der stand bislang immer vorm Fenster, sodass man hinausschauen konnte und viel Sonnenlicht direkt auf den Tisch schien. Sie hatte ihn nun unter die Lampe geschoben, worauf ich verärgert reagierte, denn ich mag solche Umstellungen im Haus ganz und gar nicht. Sie antwortete ruhig: »Ich weiß zwar, dass ich dir solche Veränderungen immer rechtzeitig im Voraus ankündigen sollte, aber das war mir jetzt einfach zu lästig.« Verletzt und wütend verschwand ich wieder nach oben. Wie ich die Tür hinter mir zugemacht habe, weiß ich nicht mehr, doch ich befürchte, dass ich dies mit mehr Kraft und Nachdruck getan habe, als es nötig gewesen wäre. Als ich dann wieder vor dem Computer saß, wurde mir allmählich klar, dass ich eben einer Eigenschaft an mir begegnet war, die ich lieber verdrängt hätte: Die Wut darüber, dass man mich nicht berücksichtigt hatte, war natürlich groß, doch im Verhältnis zum Vorgang zugegebenermaßen etwas lächerlich. Zurückblickend kann man sagen: Ich war in einen kleinen Übergangsprozess geraten. Die Phase des Unbehagens und der Verleugnung waren schnell vorüber, die wütende Phase in großem Ausmaß vorhanden. Dabei gab es doch eigentlich gar keinen Grund, sich so sehr aufzuregen? Es ging immerhin nur um einen Tisch... An dieser Stelle kann die Freiheit entstehen, die Herausforderung für das Ich, diesem Ereignis mit einem Ja zu begegnen. Man kann sich natürlich auch sagen: »Reg´ dich nicht so auf, akzeptiere doch einfach, dass der Tisch jetzt woanders steht«, und so die Wut verschwinden lassen. Dies ist sicherlich sinnvoll, denn dadurch behält man die Kontrolle über seine Gefühle und vermeidet einen unnötigen Streit. Wenn man jedoch seine Selbstkenntnis erweitern möchte, bietet ein solches Ereignis die richtige Gelegenheit. Das bedeutet: Ich nehme meinen Mut zusammen und blicke der Verwirrung in der Seele ins Auge. Was spielte sich dort noch alles ab? In dem Moment, als ich das Zimmer betrat, war da zunächst nur Erschrecken und Erstaunen. Dann kam die Wut aus dem Gefühl heraus: »Du weißt doch genau, dass ich es nicht mag, wenn man die Möbel umstellt! Der Tisch stand doch viel besser dort vorm Fenster, man hatte mehr Licht und die Aussicht in den Garten!« Aus der Tiefe der Seele können dann lauter ähnliche Situationen aus der Vergangenheit hochsteigen, in denen ich ebenfalls das Gefühl hatte, dass man auf mich keine Rücksicht genommen hatte. Es herrscht ein Gefühl des »immer ich« vor.

In der Verwirrung der Seele gewinnen normalerweise die Wut und der Ärger die Oberhand. Diese dauern eine Weile an, werden nach geraumer Zeit schwächer, und an den Tisch unter der Lampe gewöhnt man sich auch allmählich. Die Sache hat anscheinend auch ihre Vorteile.

Wenn die Verwirrung in der Seele ausgehalten wird und man unterscheiden kann, was sich dort abspielt, entsteht Erkenntnis. In einem nächsten Schritt kann man Erkenntnisse über tiefere Schichten der verborgenen Motive, Gewohnheiten und Ansichten gewinnen – und dann wird es besonders spannend.

Meine Frau und ich unterhielten uns darüber, warum sie unbedingt den Tisch verschieben musste bzw. sie prinzipiell die Möbel gern und oft umstellt und warum ich das als bedrohlich erlebe. Wir konnten jeder an dem anderen etwas wahrnehmen, was wir an ihm noch gar nicht kannten. Warum wollte sie denn die Möbel umstellen? Zu dieser Zeit lebten viele Kinder bei uns, eigene Kinder und Pflegekinder. Wir wollten, dass diese Kinder in einer anregenden und lebendigen Umgebung aufwuchsen. Viele Kinder, vor allem die Kinder, die von außen in unser Haus kamen, haben in ihrer Kindheit oder Jugend sehr schlimme Erfahrungen gesammelt. Diese bilden sozusagen »staubige Stellen« auf ihrer Seele. In der Erziehung dieser Kinder bemüht man sich deshalb, diese staubigen Stellen so gut wie möglich zu entfernen. Wenn man dies auf der seelischen Ebene anstrebt, ist es wichtig, dass auch im Bezug auf ihre Umgebung daran gearbeitet wird, sie mit möglichst viel Leben und möglichst wenig staubigen Stellen zu umgeben. Deshalb sollten die Möbel regelmäßig ihren Standort ändern, dann ist der neue Ort für kurze Zeit wie neu und sauber.

So kam das Umstellen der Möbel in einem erweiterten System einen neuen Stellenwert mit eigenen Normen und Werten erhalten. Eine Bedeutung, die man respektieren sollte.

Und wo blieb ich bei der ganzen Angelegenheit? Ich beschäftige mich normalerweise mit meiner Arbeit. Ich frage mich immer, welche Auswirkungen bestimmte Prozesse auf die Menschen haben, laufe durch das Haus und denke darüber nach, wie ich das nächste Kapitel schreiben soll. Ich lebe in meinen Gedanken und nehme meine Umwelt gar nicht wahr. Damit das gut geht, muss sich in unserem Haus alles dieser Tatsache anpassen, damit ich mich nicht ständig neu orientieren muss, wo sich die Dinge befinden. Dieser Teil des Lebens muss meiner Meinung nach routiniert verlaufen können.

So wurde also deutlich, dass das Haus und seine Einrichtung für meine Frau einen anderen Wert und eine andere Bedeutung hatten als für mich. Auch unsere Rollen, die sie als Frau und ich als Mann dabei ausfüllen, spielen da mit hinein. Auf diese Weise

konnten wir uns langsam einen Überblick verschaffen. Dieser Vorfall, klein und unbedeutend, dennoch mit sehr vielen Emotionen und Urteilen verbunden, scheint eine größere Wirklichkeit zu repräsentieren. Es geht dabei um unterschiedliche Werte und Bedürfnisse. Auf der einen Seite steht das Bedürfnis nach einer lebendigen Umgebung mit dem Augenmerk auf heranwachsende Kinder, auf der anderen das Bedürfnis nach einer stabilen Umgebung, die mir Konzentration auf die Arbeit ermöglicht. Das Wissen über diese Dinge macht einen freier im Hinblick auf das gegenseitige Verständnis und im Hinblick auf sein Handeln. Man riskiert einen Blick hinter den Schleier und erkennt, dass in diesem Moment eine Vielzahl an Kräften wirksam ist, von denen man selbst nur ein winzig kleiner Teil ist. Man erkennt, wie verschieden die Menschen sind, weil jeder seine eigene Sicht der Dinge hat und seinen eigenen Beitrag zu dem großen Ganzen leisten will. Deshalb handeln wir individuell unterschiedlich und damit oftmals den (wirklichen/vermeintlichen) Interessen der anderen zuwider.
Diese Erkenntnis lässt sich praktisch umsetzen und mit der Realität verbinden. Führt man einen gemeinsamen Haushalt, muss man neue Entscheidungen treffen. Für mich bedeutete das, mich mit den Veränderungen im Haus leichter abzufinden, ohne dass vorher viel überlegt oder vorbereitet wird. Aber: Mein Sitzplatz und der kleine Tisch mit meinen Büchern dürfen immer so bestehen bleiben! Integrieren bedeutet letztendlich: Es wird normal. Sind die grundlegenden Motive geklärt, muss nicht jeder Handstrich besprochen werden, man kennt die Impulse des anderen – und respektiert sie.

Solchen Situationen, in denen man an seine Grenzen gerät, begegnet man immer wieder – Unbehagen, wenn auch nur für wenige Sekunden, sogar sehr oft. Man hat also die Wahl: Nutzt man diesen Moment oder lässt man ihn einfach vorübergehen? Wenn sich die Situation nicht von allein klärt, muss ich entscheiden: Verdrängen oder darauf zugehen? Übergangsprozess oder Feuerprobe?

Möchte man die kleinen Herausforderungen einer Feuerprobe erkennen, ist in jedem Moment Achtsamkeit gefragt. Das erfordert Geistesgegenwart – eine Fähigkeit, die schon hinsichtlich der Übung des Abstand-Einnehmens erwähnt wurde. Die Betrachtung des Geschehens in der Seele fällt sehr viel leichter, wenn man schon Erfahrungen mit den Nebenübungen gesammelt hat. Das Ergebnis der einen Übung kann als Fähigkeit für den nachfolgenden Schritt eingesetzt werden.

Wie bereits erwähnt, wird man selten die verschiedenen Phasen der Feuerprobe nur einmal durchlaufen. Man wird immer wieder ein Zurückfallen in den Übergangsprozess und ein Aufsteigen in die Feuerprobe erleben. Will man mehr Klarheit in der Phase der Verwirrung erlangen, wird man solche Situationen lange oder oft genug durchmachen müssen: Je mehr Erfahrung man mit dem Erleben der verschiedenen Phasen sammelt, desto eher wird man den Prozess erkennen können – und das führt auf den Weg zur Freiheit.

Ein letztes Wort noch zur Scham. Wenn man die Prüfung annimmt und den Blick in den Spiegel riskiert, offenbart sich einem in der Phase der Verwirrung, vor allem aber in der Phase der Unterscheidung eine Selbsterkenntnis, die einem ganz und gar nicht gefallen wird. Man sieht mit einem Mal, wie kleinlich man in manchen Situationen reagiert, wie oft man sich egoistisch verhält. Es wird spürbar, wie schmerzhaft manche Ereignisse sind, und dass dieser Schmerz häufig vollkommen unnötig ist. Der Schmerz und die Scham sind Teil des Prozesses, man muss sich ihnen stellen, denn man wird unweigerlich damit konfrontiert. Wir sind noch so unglaublich winzig im Vergleich zu den Menschen, die wir in der Zukunft sein könnten, dass wir angesichts dieser Realität von Schmerz und Scham erfüllt werden.
Im nächsten Kapitel werden wir noch näher auf die Feuerprobe eingehen. Dieses Mal soll nicht der Prozess beschrieben werden, sondern eine Übung, die schrittweise ausgeführt werden kann.

12 Grenzerfahrungen: die Feuerprobe

Bevor wir tiefer auf die Technik eingehen, soll zunächst etwas über den Begriff »Feuerprobe« gesagt werden. Er stammt aus den alten Einweihungsschulen Griechenlands und Ägyptens. Während ihrer Schulungszeit wurden den Schülern viele Erkenntnisse vermittelt und sie hatten eine große Bandbreite von Übungen und Meditationen zu absolvieren. Daneben mussten sie gewisse Prüfungen bestehen. Dabei handelte es sich um schwierige Aufträge, bei denen ihr Mut auf die Probe gestellt wurde. Dieser Mut war sie für ihre späteren Entwicklungsstufen unabdingbar. So gab es eine Feuerprobe, eine Wasserprobe und eine Luftprobe, Situationen, auf die ich in meinem Buch *Vom Sinn der Hindernisse* ausführlich eingegangen bin. Im Leben machen wir eine Reihe großer Prüfungen und Proben durch. Das sind jene Zeiten, in denen wir echt an unsere Grenzen kommen. Sie äußern sich in großer Unsicherheit, Zweifel oder Angst, oft auch Scham. Solche Perioden appellieren an unser Durchsetzungsvermögen und an unsere Geistesgegenwart. Oftmals überstehen wir solche Zeiten nicht, ohne dabei Federn zu lassen; doch es sind genau diese Erfahrungen, durch die wir am meisten über uns selbst und das Leben lernen: Ernste Krankheiten, Scheidungen, Fehlschläge im Arbeitsleben sind Beispiele großer Feuerproben im Leben. Halten wir ihnen stand? Entwickeln wir Durchsetzungsvermögen an solchen Herausforderungen, mit denen das Leben uns konfrontiert?

In der Feuerprobe des Einweihungsweges geht es um die Entwicklung von Mutkräften und darum, dass wir beim Durchmachen der Prüfung zu Erkenntnissen höherer Welten gelangen.

Die großen Krisen des Lebens sind zugleich die großen Lehren. Doch auf dem Schulungsweg brauchen wir nicht auf sie zu warten. Wir können die kleinen Prüfungen als »Übungsmaterial« fruchtbar machen. Kleine Prüfungen in diesem Sinne sind unsere alltäglichen Grenzerfahrungen. Wir können uns klar machen, dass kleine, schwierige Momente im Grunde winzige Feuerproben sind, und wir können uns üben, solche Situationen mutig anzugehen. Später können wir solche Momente in Form eines Rückblicks auswerten und verarbeiten, um unsere Selbsterkenntnis und unser Verständnis der Seelenwelt zu vertiefen.

Es ist spannend, sich immer wieder klarzumachen, dass die Seelenwelt und die Geistwelt überall und ständig in unseren täglichen Belastungen und Kümmernissen anwesend sind. Manchmal manifestieren sie sich deutlich, sodass wir ganz kurz davon berührt werden oder über ihre Wirkungen verwundert sind. Doch meistens bleiben sie verborgen. Durch entsprechendes Training können wir diese Wirkungen immer besser ergründen und uns ein Bewusstsein davon verschaffen. Wir wollen deshalb jetzt anhand einiger Grenzsituationen einen Versuch wagen, eine solche Ergründung vorzunehmen, und betrachten, welche Schichten sich hinter einem kleinen Vorfall auftun können.

Wir kehren zu dem Gedanken zurück, dass wir in mehreren Welten gleichzeitig leben. Die eine Welt ist diejenige, die wir mit unseren normalen Sinnen wahrnehmen. Da haben wir es mit unserer Umgebung, der Natur, dem Wetter, den Mitmenschen und so weiter zu tun. In gewissem Sinn ist diese Welt objektiv. Was der andere an Ereignissen wahrnimmt, sehe ich auch. In dieser Welt findet unser »sichtbares Leben« statt, unsere Handlungen, unsere Wechselwirkungen mit anderen Menschen.

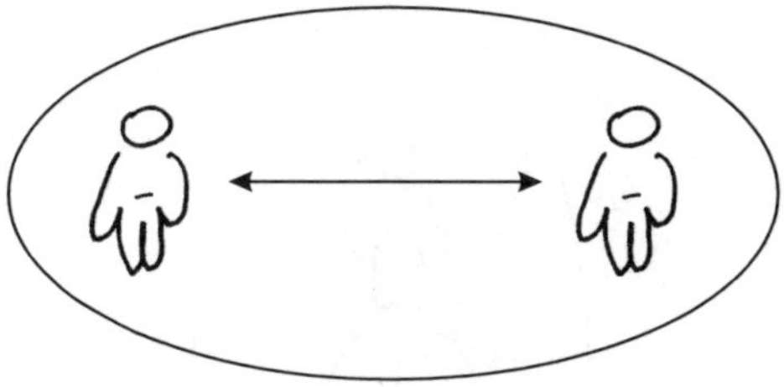

Daneben gibt es eine Innenwelt, die auf das reagiert, was um uns herum geschieht. In uns reagieren unser Denken, unser Fühlen und unser Wollen. Sie äußern sich in einigen Seelenkräften, die wir deutlich unterscheiden können nach:

Werte	Gefühle	Begierden
Normen	Emotionen	Triebe
Ansichten	Wünsche	Impulse
Urteile	Verlangen	Ideale

Diese Kräfte stehen miteinander in einer lebendigen Wechselwirkung, und dies bildet den *Inhalt* unserer Seele. Das Resultat dieser Kräftewirkungen bestimmt letztendlich unsere Reaktion. Diese Innenwelt ist bei jedem Menschen anders gestaltet. Dies hängt mit unseren Erfahrungen in der Jugend zusammen: mit wem wir aufgewachsen sind, mit unseren Eltern, unserer Herkunftsfamilie, dem Land, in dem wir leben, seinen klimatischen und geografischen Besonderheiten und nicht zuletzt seiner Kultur. Wie sie gestaltet ist, hängt auch mit früheren Leben zusammen, die wir gelebt haben:

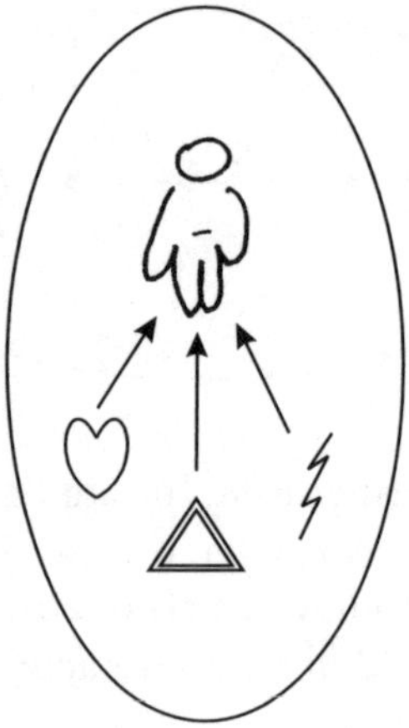

Alle Vorfälle und Ereignisse, die wir in der Außenwelt miterleben, bewirken Reaktionen in unserer Innenwelt. Man könnte sagen: Die Saiten unserer Seele schwingen mit den äußeren Gegebenheiten mit. Indem wir zu dem Leben, das uns umgibt, Ja sagen, können wir auch zu den Reaktionen in unserem Inneren Ja sagen. So leben wir in zwei Welten zugleich: in der äußeren Welt und in unserer Innenwelt:

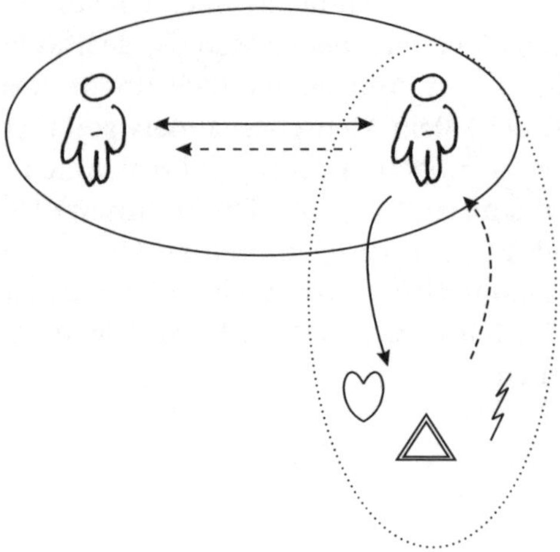

Eine Grenzerfahrung erzählt uns im Grunde Folgendes: Es geschieht etwas in der äußeren Welt. Dies bringt eine Saite in unserer Innenwelt in Schwingung, die dadurch wie eine Art Echo dem Ereignis einen Gefühlsinhalt gibt. Diese Reaktion sagt etwas aus über den Inhalt unserer »kleinen Seele« und nicht (nur) über das, was geschehen ist. Wir werden jetzt mit zwei Dingen gleichzeitig konfrontiert – mit einem Ereignis in der Außenwelt und einem in der Innenwelt. Wenn wir dies nicht unterscheiden, haben wir rasch die Neigung, den Gefühlsinhalt, der aus der Innenwelt stammt, auf die Außenwelt zu projizieren. Dies verursacht sowohl für uns selbst wie auch für andere große Verwirrung. Missverständnisse sind die Folge. Die Herausforderung an unser Ich besteht darin, beide wahrzunehmen und auf beide adäquat zu reagieren.

In der folgenden Übung begeben wir uns schrittweise auf die Suche nach dem, was in unserer Innenwelt lebt.

Diese Übung erfordert eine gewisse Konzentration. Es ist gut, wenn Sie sie in Ruhe durchführen und sich von jedem Schritt Aufzeichnungen machen. Sie können sie auch gemeinsam mit einem anderen ausführen in der Form eines Zwiegesprächs. Das macht die Übung einfacher. Der eine blickt auf seine Innenwelt, der andere gibt dem Gespräch eine gewisse Struktur, indem er Fragen stellt. Vom Schulungsgesichtspunkt aus ist es allerdings das beste, diesen Prozess letztendlich selbst zu vollziehen.

Schritt 1

Sie wählen sich eine Situation, in der Sie eine Grenzerfahrung hatten. Am besten eignen sich für diese Übung Situationen, die nicht zu bedeutend sind und nicht allzu lange gedauert haben. Seien Sie auf der Hut davor, dass Sie nicht in allgemeine Vorfälle hineingeraten, sondern in eine konkrete Begebenheit, die sich in einem bestimmten Moment abgespielt hat. In einem konkreten Erinnerungsbild ist alles anwesend, was sich in diesem Moment abspielte. Wenn ein Ereignis zu allgemein, zu pauschal erinnert wird, verblassen viele Einzelheiten, und Ihre Urteile oder Enttäuschungen schieben sich stattdessen in den Vordergrund.

Ein Beispiel: Jemand erzählte mir, dass er immer große Hemmungen hatte, etwas in einem Laden umzutauschen. Allein die Vorstellung machte ihn schon nervös, sodass er die Sache immer hinausschob und schließlich ganz davon absah. Diese Tatsache war für ihn sehr unbefriedigend. Das Beispiel konfrontierte ihn mit einer persönlichen Unfähigkeit, es war eine echte kleine Grenzerfahrung.

Dennoch lässt sich das Beispiel im Rahmen unserer Übung noch nicht ausreichend verwerten, denn es ist zu allgemein formuliert. Wir müssen es zuerst verdichten, und zwar bis zu einem Vorgang, der sich ganz konkret zu einem bestimmten Zeitpunkt und an einem bestimmten Ort abspielte. Wir fragen also: Wann habe ich so etwas vor kurzem schon einmal erlebt? Wenn wir dies tun, erscheint das »Lokalkolorit«. Im obigen Beispiel würde dies bedeuten: Die Ehefrau des Betreffenden hatte ein Paar Hausschuhe für ihn gekauft, doch sie passten ihm nicht recht. Er fand es schade, sie im Schrank liegen zu lassen, und wollte sie umtauschen. Eines Tages machte er einige Besorgungen und kam dabei an dem betreffenden Laden vorbei. Doch statt nun hineinzugehen, ging er weiter. Vermeidungsverhalten, Enttäuschung ... – jetzt ist die Grenzerfahrung konkretisiert.

Schritt 2

Beschreiben Sie sich jetzt diese Situation. Betrachten Sie, wie die Umgebung beschaffen war. Mit welchen Menschen hatten Sie es zu tun? In welcher Art Stimmung waren Sie, bevor es geschah? Dadurch, dass Sie dies tun, kommen Sie tiefer in Ihr eigenes Erinnerungsbild hinein, wodurch es wiederbelebt wird. Wenn sich das als zu schwierig erweist, können Sie wieder zurückkehren zur Beschreibung des konkreten Vorfalls.

Schritt 3
Verengen Sie die Beschreibung bis zum exakten Moment der Grenzerfahrung. Oft betrifft dies nicht mehr als ein paar Sekunden. Je genauer Sie den Moment beschreiben, umso leichter kann er transparent werden. Wenn Sie gleichsam die Lupe auf den Vorfall richten, werden Sie oft bemerken, dass in kurzer Zeit eine Reihe verschiedener Grenzerfahrungen stattgefunden hat. Daraus müssen Sie dann eine auswählen. Das ermöglicht es Ihnen, besser und tiefer in Ihre Innenwelt einzudringen. Im oben genannten Beispiel bedeutet das: Der Betreffende näherte sich dem Laden. Die Tür war offen, er schaute hinein, doch er lief weiter.

Schritt 4
Beschreiben Sie sich jetzt, was in der Innenwelt alles stattfand. Welche Gefühle, Emotionen, Ansichten und Urteile reagierten auf den Vorfall? Welche Impulse traten auf? Und wie gingen Sie mit diesen Impulsen um? Wenn Sie das wirklich gut wahrnehmen wollen, ist eine besonders wache Aufmerksamkeit gefordert, denn im Bruchteil einer Sekunde können ohne weiteres bis zu zehn verschiedene Kräfte eine Rolle spielen: Emotionen, Urteile, Ängste, Verlangen und Normen reagieren blitzschnell nacheinander. Bestimmte Emotionen haben lediglich das Ziel, gefährlichere Gefühle zu überdecken. Dabei können wir uns einige Fragen als Leitmotiv vornehmen:

- Was geschah genau?
- Was machte es so schlimm für Sie?
- Welcher Impuls kam in Ihnen auf?
- Warum folgten Sie ihm nicht?
- Was, hofften Sie, würde geschehen?

Die Frage »Was machte es so schlimm für Sie?«, sucht nach tiefer verborgenen Gründen, die sich dem oberflächlichen Blick noch verbergen. Die Frage »Was ist daran so schlimm?«, dagegen wäre eine ganz andere. Letztere spricht Ihren Kopf an, und die Antwort ist sogleich eine rationalisierende Leugnung. Stellen Sie die Frage in der anderen Form, so öffnet sie das Gefühl und stimuliert eine persönliche Antwort, die Ihren persönlichen Eigenheiten gerecht wird.

Wir kehren zu unserem Beispiel zurück. Der Betreffende berichtete weiter: »Ich stand also vor dieser Tür und ich fühlte sofort, dass ich unsicher wurde. Ich urteilte in mir: Nörgle nicht und sei nicht so zimperlich, du gehst jetzt einfach da rein. Ich spürte auch die Enttäuschung darüber, dass ich das so schwierig fand. Ich wurde wütend, dass meine Frau so dumm gewesen war, falsche Hausschuhe zu kaufen. Doch wenn ich da reingehen würde, was würde dann der Verkäufer sagen? Vielleicht würde er mir erklären, dass diese Pantoffeln gar nicht umtauschbar sind! Das hätte ich dann noch schlimmer gefunden, als sie einfach zu behalten und im Schrank liegen zu lassen. Andererseits: Wenn ich auf meinem Umtauschrecht bestanden hätte, hätte ich vielleicht Streit mit ihm bekommen...« – »Was machte diesen Streit so schlimm für Sie?« – »Bei Streit fühle ich mich schnell zurückgewiesen.« – »Was macht die Zurückweisung so schlimm für Sie?« – »Dass ich dann ich völlig allein bleibe!« – »Was geschieht für Ihr Gefühl, wenn Sie völlig allein sind?« – »Dann habe ich das Gefühl, dass ich in ein riesengroßes schwarzes Loch falle, aus dem ich nicht mehr herauskomme. Es ist fast, als würde das Leben dann aufhören!«

Jetzt kommen wir zum Kern der Sache, das eigentliche Drama dieses Momentes wird sichtbar. Blicken wir einmal zurück, was genau geäußert wurde. Wir sehen folgende Kräfte in der Seele auftreten:

- Unsicherheit;
- ein Urteil über die eigene Zimperlichkeit;
- Enttäuschung über die eigene Unsicherheit;
- Wut;
- ein Urteil über den dummen Fehlkauf;
- die Erwartung, dass der Verkäufer sich weigern wird;
- Bereitschaft, sich mit dem Misslingen abzufinden;

- Angst vor Ärger und Streit;
- Angst vor Zurückweisung;
- Angst vor dem großen schwarzen Loch.

Es zeigt sich, dass in der Seele einiges los ist. All die geschilderten Kräfte wirbeln durch sie hindurch und sorgen dafür, dass es für Ihr Ich sehr unübersichtlich wird. Ihr Ich muss in diesem Moment ohne Übersicht handeln. Der Wagenlenker hat die Zügel nicht mehr in der Hand. Denken, Fühlen und Wollen sind nicht aufeinander abgestimmt. Wenn Sie in diesem Moment nicht wach genug sind, entscheidet die am stärksten wirkende Triebkraft das Resultat – im obigen Beispiel die Angst vor dem schwarzen Loch und vor dem Ende der Existenz.

Oberflächlich betrachtet handelt es sich hier nur um die Frage des Umtauschs von Hausschuhen. In einer tieferen Schicht zeigt sich: Dies ist so schwierig, weil aus den Tiefen Ihrer Seele heraus eine Ur-Angst reagiert, die Ihre Handlungen blockiert. Es ist ein großer Unterschied zwischen dem, was sich in der Außenwelt, und dem, was sich in der Innenwelt abspielt.

Auf den ersten Blick mag dies zunächst übertrieben wirken. Doch in vielen an sich unbedeutenden Ereignissen verstecken sich solche dramatischen Prozesse. Das führt dazu, dass sich viele ganz normale Dinge als mit einer ungewöhnlich schweren »Gefühlsladung« befrachtet erweisen.

Schritt 5

Sie können jetzt auf die Suche nach der Reihenfolge der Gefühlskaskaden in Ihrem Inneren gehen: Was war zuerst da und was war die Reaktion darauf? Und was war dann wiederum die Reaktion auf diese Reaktion? Kurz – es geht darum, die innere Logik des Geschehens zu erfassen.

Kehren wir noch einmal zu dem erwähnten Beispiel zurück und beginnen wir bei dem Augenblick, als der Betreffende vor der Ladentür stand. In diesem Moment ist das Gefühl der Unsicherheit bereits in seiner Seele anwesend: Soll ich jetzt reingehen oder soll ich es nicht tun? Darauf reagiert das Urteil: Stell dich nicht an! – Dies klingt streng und ziemlich lieblos. Eine Verurteilung liegt darin, die sagt: Sie sind dumm, Sie sollen sich nicht anstellen und einfach handeln. – Durch dieses Urteilen wird erreicht, dass es Ihnen nicht ohne Weiteres mehr gelingt, hinter den Schleier zu blicken und zu erkennen, was eigentlich los ist. Und auch die Angst meldet sich. Sie schafft den Impuls, wegzulaufen. Die Angst selbst hat die Neigung, sich im Unbewussten versteckt zu halten. Dann folgt ein Gefühl der Enttäuschung darüber, dass die beabsichtigte Handlung zu misslingen droht. Es erklingt das kritische Urteil: Da haben wir's wieder! – Wenn Sie diese Enttäuschung nicht fühlen und nicht in den Spiegel blicken möchten, der Ihnen zeigt, wie Sie wirklich sind, lässt sich eigentlich immer ein Weg finden, wie Sie dem entrinnen können. Es gibt bewährte Methoden, dem Spiegel auszuweichen: Wir tun die Situation mit einem Lachen ab, wir verfallen in Zynismus, oder wir versuchen, die Schuld auf einen anderen zu schieben. Dieser andere existiert tatsächlich in Gestalt desjenigen, der die »falschen« Hausschuhe gekauft hat, im obigen Beispiel also die Ehefrau.

Noch immer sind wir nicht an die eigentliche »Ladung« herangekommen. Sie wird erst zugänglich, indem wir die Frage stellen: »Was macht es so schwer für Sie, in Ihr Inneres einzutauchen? Was würde Ihrer Empfindung nach geschehen, wenn Sie in Ihr Inneres hineingingen?« Dazu müssen Sie mit Ihrem Bewusstsein einen kleinen Schritt weiter gehen und betrachten, welche *Bilder* in Ihrem Gefühl leben. Im obigen Fall sind es die Vorstellungen von Streit, Zurückweisung und dem »großen schwarzen Loch«. Sie zusammen bilden das Drama. Das Drama passt nicht zu dem Ereignis, doch es heftet sich sozusagen an seine Fersen. In der Außenwelt spielt sich eigentlich nur eine Lappalie ab. In der Innenwelt entwickelt sich ein Drama. Wenn es Ihnen nicht gelingt, diese beiden zu unterscheiden, projiziert sich das Drama in die Außenwelt, und Sie haben ein Problem damit.

Schritt 6
Sie können sich jetzt fragen: Was ist in dieser Situation existenziell anwesend, wodurch sie zu einer Grenzsituation wird? In unserem Beispiel ist es das schwarze Loch, das in der Seele anwesend ist und für welches noch keine Lösung gefunden worden ist. Es tut sich dort einfach auf, und es wird sich immer wieder melden, bis es erkannt und integriert ist.

Schritt 7
Wir haben jetzt einige Schritte zurückgelegt, bei denen wir vor allem in die Tiefen der eigenen Seele geblickt haben. Wir können jetzt einen »Abstecher« machen und uns fragen: Wo habe ich in meinem Leben diese Situation schon einmal erlebt? Bei näherer Betrachtung werden Sie erkennen, dass es eine ganze Linie ähnlicher Ereignisse gibt. Die Menschen, die damit zusammenhängen, sind auswechselbar, und auch der Ort kann variieren. Doch die Essenz des Geschehens bleibt konstant. »Jetzt bin ich mal wieder so weit«, können Sie schlussfolgern. Das Ereignis erweist sich als eine Perle an einer langen Kettenschnur. Das Leben trägt eine Prüfung im Kleinformat an Sie heran, und es wird damit fortfahren, bis die eigentliche Frage gelöst ist. Nicht das Ereignis in der Außenwelt ist die Prüfung, sondern das Geschehen in der Innenwelt!

Schritt 8
Wenn Sie sich dies alles klarmachen – können Sie dann für denjenigen, der mit diesem Dilemma lebt, Respekt aufbringen? Derjenige, der Sie selbst sind? Können Sie Respekt haben vor einem Leben, das ein derartiges Thema mit sich herumträgt? Und weiter: Können Sie die volle Verantwortung dafür übernehmen?

Schritt 9
Sie kehren wieder zurück ins Alltagsleben. Sie nehmen sich vor, auf dieses Thema zu achten. Dabei versuchen Sie stets, einen Unterschied zwischen den Ereignissen in der äußeren Welt und de-

nen in Ihrer Innenwelt zu machen. Sprechen Sie mit sich selbst, wenn es wieder »spannend« wird. Sagen Sie sich, dass nicht dasjenige, was da geschieht, die Ladung trägt, sondern dass Sie es sind, der derartige Situationen schwierig findet, und dass Sie trotz allem lernen wollen, damit umzugehen.
In der Praxis kann es helfen, die früher beschriebenen Übungen anzuwenden, die Sie auf Ihren Weg bereits kennen gelernt haben. Wenn zum Beispiel die Tagesrückschau zu einer Gewohnheit geworden ist, kann sie eine Hilfe sein, wenn Sie sich mit den Themen der Feuerprobe weiter beschäftigen. Sie blicken auf den vergangenen Tag zurück mit der Frage: Wo hat sich das Dilemma heute gezeigt? Dann können Sie Ihre Fantasie einsetzen und sich vorstellen, auf welche Weise der betreffende Vorgang gut und richtig hätte verlaufen können. Sie können auch das Mittel der Vorausschau anwenden und die Frage stellen: Wo werde ich diesem Dilemma heute begegnen? Sie sind dann besser gewappnet für die Begegnung mit den Kräften Ihrer Innenwelt.

Beim ersten Mal, wenn sich dein Bild von dir selbst und von der Welt ändert, denkst du, dass du stirbst, dass es niemals mehr in Ordnung kommt, dass alles hoffnungslos ist. Doch je öfter dein Selbstbild wankt, desto mehr siehst du ein, dass es nicht dein ganzes Selbst ist, sondern dass an einem Teil gearbeitet werden muss, dass aber auch ein Teil konstant bleibt (an dem du vielleicht ein anderes Mal wieder arbeiten musst).

Und dann entdeckst du die Hoffnung, die Hoffnung, dass schließlich alles gut werden wird. Dann kannst du anfangen, nach den Mitteln – auf den ersten Blick scheint es, sie seien unmöglich zu finden – zu suchen, mit denen du dies erreichst.

Cynthia Bijl

Auf der Suche nach Ihrer Mythe

Bis jetzt haben wir Grenzerfahrungen betrachtet, die sich mehr an der Oberfläche der Seele abspielen. Wir haben die Kräfte betrachtet, die dort walten, und das Ganze unter einem Hauptmotiv zusammengefasst. Wir können es nun dabei belassen, wir können jedoch auch noch eine Schicht tiefer steigen, um in eine engere Verbindung mit der »Ladung« der Seele zu gelangen. Diesen Vorgang bezeichne ich als ein Auf-die-Suche-Gehen nach der Schicht der Mythen.

Eine Mythe ist eine Geschichte, ein Drama, das mehr mit den unterbewussten Schichten der Innenwelt korrespondiert. Die Logik der mythischen Ebene ist eine ganz andere als die der sinnlichen Welt. In der Mythe leben Wesen, die in der Sinneswelt nicht existieren, Ungeheuer und Dämonen, Engel und Zwerge, Feen und Gespenster. Mythen haben eine ähnliche Charakteristik wie Träume. Auch im Traum existiert eine andere Realität als im täglichen sichtbaren Leben. Zeit, Ort und Person haben eine andere Bedeutung. Sowohl im Traum als in der Mythe liegt der Ausgangspunkt in der Wirklichkeit der Seelenwelt, nicht in der der materiellen Welt. Um ein Gefühl für diese Realität zu entwickeln, kann es hilfreich sein, solche Mythen zu lesen und zu analysieren. Diese mythischen Bilder stammen aus einer Zeit, als die Menschen noch ein anderes Bewusstsein hatten als heute. So erlebten sie zum Beispiel die Naturkräfte in einer noch viel unmittelbareren, imaginativen Form. Dann sprachen sie von Nymphen, Feuergeistern oder Gnomen. In ihren Erzählungen beschrieben sie die Vorgänge dieser Kräftewelt in Bildern, die wir erlebnismäßig gut nachvollziehen können, die jedoch nicht mit der sichtbaren Wirklichkeit übereinstimmen.

In einem nächsten Schritt der Feuerprobe gehen wir auf die Suche nach der verborgenen Wirklichkeit hinter dem jetzt sichtbar gewordenen dramatischen Geschehen. Diese verborgene Wirklichkeit kleiden wir in mythische Bilder, die dem, was in der

Innenwelt geschieht, adäquat sind. Sie suchen nicht nach einer vorhandenen Mythe, die zu Ihrer Erfahrung passt, um sich dann ihr anzupassen, sondern Sie verfertigen eine einmalige neue Geschichte, die nur für Sie gilt. Die Mythe bildet neben der *Erinnerung* an das Ereignis und dem dahinterliegenden *Drama* eine dritte Schicht in Ihrer Seele.

Wie bauen wir eine persönliche Mythe auf?

Wir beginnen in derselben Weise wie oben bereits beschrieben: Ausgehend von einem konkreten Vorfall kamen wir zu einer Beschreibung unseres Themas. Jetzt bearbeiten wir dies weiter zu einer Geschichte. Die Geschichte kommt dadurch zustande, dass wir die innere Grenzerfahrung in ein Bild übersetzen. Ausgangspunkt ist dabei ein inneres Erlebnis mit seiner ganzen Dramatik, welches wir nicht von unserem Denken her relativieren. Die Erinnerungsbilder des Ereignisses selbst verschwinden hierbei. Es ist wichtig, uns diese Geschichte nicht auszudenken, sondern in uns *entstehen* zu lassen. Dies vollzieht sich von selbst, wenn wir uns auf das Erleben des Geschehens konzentrieren. Die Geschichte wird uns dann überraschen.

Wir bauen die Mythe auf, indem wir von den »nackten Tatsachen« ausgehen. Sie werden zuerst, als Vorbereitung, beschrieben. Die Geschichte besteht aus drei Kapiteln:

- Das erste Kapitel beschreibt die Stimmung, als die Situation noch in Ordnung war und von einer Bedrohung noch keine Rede sein konnte.
- Das zweite Kapitel ist meistens kurz und beschreibt den »Einschlag« (»Plötzlich ereignete sich ...«).
- Im dritten Kapitel wird berichtet, welcher Art die Folgen dieses Einschlags sind.

Gewöhnlich hört die Mythe, wie sie sich in der Seele bildet, an dieser Stelle auf. Die inneren Geschichten im Bereich der Feuerprobe charakterisieren sich zumeist dadurch, dass sie kein Ende haben. Bevor die Geschichte richtig zu Ende ist, gerät sie ins Stocken oder sie stockt dramatisch. Sie als Hauptperson handeln nicht mehr, Sie »sitzen die Sache aus«. Sie überleben es, doch Sie sind im Allgemeinen selbst nicht mehr aktiv. Nach dem Ereignis bewegt sich die Zeit weiter und das dramatische Gefühl verschwindet allmählich aus der Seele. Doch nach einiger Zeit beginnt die Geschichte aufs Neue, so, als ob der Film noch einmal abgespult würde. Erst wenn die Mythe der Innenwelt in Form eines »guten Endes«, fertig ist, kommt das Drama zur Ruhe. Der Held hat seinen Sieg errungen, das Drama wird zu einem Abenteuer. Und Sie wissen, dass Sie – wenn Sie jemals wieder in eine derartige Grenzsituation geraten – diese Situation zu einem guten Ende bringen können. Durch Ihre Erfahrung ist das Grenzerlebnis nicht länger ein Erlebnis Ihrer Begrenztheiten.

Ich möchte das an einem Beispiel verdeutlichen. Es stammt aus einem Kurs, in dem wir am Ende regelmäßig eine Auswertungsrunde durchführen. Jemand berichtete, dass er immer Schwierigkeiten habe, sich in der Gruppe zu äußern. Er fühle sich dabei rasch bloßgestellt und spreche darum so wenig wie möglich.

Diese Formulierung war noch ziemlich allgemein gehalten. Zunächst wurde nun nach dem exakten Moment der Grenzerfahrung gesucht. Denn dies ist eine Vorbedingung, um zu einer Mythe zu gelangen.

»Gestern Mittag wurde wieder eine Runde gehalten. Wir saßen im Kreis. Draußen regnete es leicht. Es waren einige Menschen vor mir dran. Immer wenn ich bemerke, dass ich gleich dran bin, spüre ich zunehmend, wie sich alle Blicke auf mich richten. Ich werde unruhig, stehe unter Druck und mir bricht der Schweiß aus. Ich lasse mir aber nichts anmerken. Alles was ich sage, halte ich so kurz wie möglich. Und wenn das Ganze dann vorbei ist, bin ich zwar erleichtert, aber auch unzufrieden, dass es mir wieder nicht recht gelungen ist.«

Wann war nun der genaue Moment der Grenzerfahrung? Der Betreffende schildert, dass es immer dann eintrete, wenn derjenige, der vor ihm dran sei, spreche und sich seine Geschichte dem Ende nähere. »Ich fühle, wie sich die Aufmerksamkeit auf meinen Nachbarn richtet. Gleich wird sie auf mir ruhen. Wenn ich einmal anfange zu sprechen, bemerke ich weniger von dieser Aufmerksamkeit.«

Was genau spielt sich in diesem Moment in der Seele ab? Es ist eine bunte Mischung von Wirkungen: Der Betreffende fühlt sich bedroht, angegafft, unfrei, er möchte am liebsten davonlaufen. Außerdem ist er wütend darüber, dass schon wieder eine solche Runde veranstaltet wurde. Er ist beschämt, dass er das Ganze so schwierig findet. Er ist der Auffassung, dass er etwas Sinnvolles sagen muss. Er hat das Urteil, dass er dies nicht gut kann, dass ihm die rechten Worte fehlen. Die Essenz des Vorgangs liegt für ihn in dem Gefühl, dass die Menschen sehen, dass er nichts kann, und dass er sich deswegen heillos blamiert.

Nun gehen wir zum nächsten Schritt über und machen daraus eine Geschichte. Zuerst die Zutaten der einzelnen Kapitel. Als Ausgangssituation wählen wir das innere Erlebnis, das der Betreffende hatte, als deutlich wurde, dass eine solche Runde überhaupt gehalten werden sollte. Der »Einschlag« ist der Moment, kurz bevor er an der Reihe ist. Die Reaktion schließlich besteht in den soeben beschriebenen mannigfaltigen Seelenvorgängen. So entstand folgende Geschichte:

»Ich bin ein kleiner Junge, eine Art Landstreicher wie der kleine Däumling. Ich gerate in eine Art festlichen Galaempfang mit lauter vornehm gekleideten Menschen. Die stehen dort und sprechen miteinander, alles ist sehr lebendig. Es steht dort ein großer Tisch mit vielerlei Speisen und Getränken. Ich gehe auf den Tisch zu und schenke mir eine Tasse Tee ein.«

Jetzt kommt der Eingriff:

»Plötzlich entsteht eine tödliche Stille. Alle drehen sich um und blicken auf mich. Die Menschen haben plötzlich blutunterlaufene Glupschaugen, sie recken ihre Hände mit langen Nägeln und langen Fingern nach mir. Sie wollen mich greifen. In Panik tauche ich unter den Tisch ab. Als ich nach einer Weile vorsichtig über die Tischplatte spicke, stehen alle wieder beieinander und unterhalten sich ganz normal. Sie schauen drein, als ob nichts geschehen wäre. Völlig verwirrt und verstört krieche ich unter dem Tisch hervor.«

In dieser Geschichte kommt die Dramatik des Ereignisses deutlich zum Ausdruck, das Erinnerungsbild selbst ist verschwunden.

Es gibt viele Menschen, die mit derartigen Fragerunden Probleme haben. Doch wenn Sie das innere Erlebnis dieser Menschen in ein Bild bringen, werden Sie ganz unterschiedliche Geschichten hören. Jeder hat tatsächlich seine eigene Geschichte. Durch das Erzählen eines solchen Bildes kommt uns die Dramatik viel näher. Von einem kleinen Kind erfordert es viel mehr, die drohenden Blicke zu ertragen, als von einem Erwachsenen, der etwas in einer Runde sagen soll. Für das Innenleben des Ich ist jedoch Letzteres die Wahrheit. Darin besteht die Prüfung. Sie können versuchen, sie durch die Überlegung wegzurationalisieren, dass Ihnen nichts passieren kann und es von selber wieder vorübergeht, doch meistens hilft dies nur kurz.

So eine Geschichte entsteht natürlich nicht auf einmal. Immer wieder muss abgetastet werden, wie eine bestimmte Erfahrung in ein bestimmtes Bild passt. Die Sache fängt erst zu wirken an, wenn es Ihnen gelingt, die Bilder nicht auszudenken, sondern sie aus dem Gefühl aufsteigen zu lassen. Manchmal tritt im Verlauf des Prozesses ein Gesichtspunkt hinzu, der erfordert, dass der Anfang der Geschichte angepasst wird.

Wenn Sie in dieser Weise auf die Suche nach den verborgenen Schichten gehen, die sich hinter einer Grenzerfahrung auftun, sehen Sie zunächst von einer Lösung der praktischen Fragestellung ab. Sie schaffen zuerst ein Bild, das Ihrem Erleben der Situation gerecht wird. Sie haben die Ausgangssituation jetzt losgelassen, sie war nur ein Anlauf, um in die Schicht der Mythe in der Seele vorzudringen. Jetzt können Sie auf dieser Ebene nach Lösungen suchen. Es werden Lösungen sein, die in das Bild passen und die innere Geschichte zu einem für Sie befriedigenden Ende führen. Das kann dadurch geschehen, dass Sie die Zutaten der Geschichte verändern oder neue hinzufügen. Sie können jedes Detail dafür verwenden. Dafür setzen Sie Ihre Fantasie ein – alles ist erlaubt. Im Prinzip können Sie alles, was Sie sich ausdenken können, dafür heranziehen. Es ist hilfreich, die Geschichte Schritt für Schritt durchzugehen und bei jeder Einzelheit etwas anderes zu versuchen. Sobald eine Einzelheit in der Geschichte sich ändert, muss sich, wie schon gesagt, selbstverständlich die Fortsetzung danach richten. Es geht letztlich darum, dass Sie einen Verlauf der Geschichte finden, der für Sie befriedigender ist als das offene Ende der eigentlichen Grenzerfahrung.

Dasselbe gilt für Albträume, die sich wiederholen. In Albträumen ereignen sich bedrohliche Dinge: Sie werden zum Beispiel bedroht oder Sie können nirgends einen Weg finden. Wenn der Albtraum zu heftig wird, können Sie daraus entfliehen, indem Sie erwachen. Eine Grenzerfahrung ist eine Art kleiner Albtraum. Sie können aus ihr flüchten, indem Sie für einen kurzen Moment ihre Geistesgegenwart aktivieren und so gewissermaßen »einschlafen«. Ihr Ich schläft ein, während Ihre Seele wach bleibt. Der Prozess des Lösungen-Suchens in der Mythe lässt sich mit dem Eingreifen in sich wiederholende Albträume vergleichen. Auch dort können Sie Lösungen suchen, die Sie dann mit in die Nacht hinein nehmen und in den Verlauf der »Nachtgeschichte« einfügen.

Bemerkenswert bei dieser Suche nach Lösungen ist die Tatsache, dass Sie die Lösung in einer tieferen Schicht Ihres Bewusstseins eigentlich schon kennen. Die Lösung hat sich nur noch nicht mit Ihrer Mythe verbunden. Wenn nun diese Lösung ins Bewusstsein tritt, erleben Sie das als erleichternd und als »inneres Wiedererkennen«. Bei der Gruppenarbeit an solchen Geschichten habe ich oft den Ausdruck der Befreiung auf dem Gesicht der Betreffenden erleben können, der erscheint, wenn jemand »seine Lösung« hört! Aber man kann auch direkt an der Reaktion des

Betreffenden erkennen, wenn er eine Lösung zwar gut findet, sie innerlich jedoch nicht erkennen kann. Er zeigt dann wohlwollende Zustimmung auf dem Hintergrund seiner Normen, doch keine Überraschung.

Es kann auch sein, dass jemand eine bestimmte Lösung als wesenhaft richtig erlebt, doch gleichzeitig spürt, dass er diese Lösung noch nicht umsetzen kann. In einem solchen Fall muss zuerst eine andere Lösung gewählt werden, die dazu führt, dass der Betreffende besser durch die Situation hindurchkommt, erst später ist eine Lösung dran, die das Problem definitiv aus der Welt schafft.

Ich nenne jetzt ein paar mögliche Alternativ-Vorschläge für die Mythe, die soeben beschrieben wurde:

- Können Sie eine andere Art Jungen daraus machen? Keinen kleinen Landstreicher, sondern ein Kind mit mehr Bedeutung?
- Gehen Sie nicht zu dem Fest, sondern bleiben Sie einfach draußen.
- Machen Sie daraus keinen Galaempfang.
- Gehen Sie nicht allein dorthin!
- Können Sie nicht etwas mitnehmen, wodurch Sie weniger verwundbar werden? Einen großen Hund zum Beispiel?
- Sie können sich vielleicht noch besser verstecken.
- Was geschieht, wenn Sie keinen Tee trinken?
- Sie können wegrennen, wenn all die Menschen auf Sie blicken.
- Können Sie, wenn man Sie ergreifen will, um Hilfe rufen?

Bei der zuletzt genannten Lösung hellte sich das Gesicht des Erzählers auf. Er erzählte die Geschichte noch einmal, doch statt unter den Tisch zu flüchten, rief er diesmal: »Hilfe!« Das klang sehr überzeugend und stieg aus den Tiefen seiner Angst auf. Es verschaffte ihm kurzzeitig Luft. Danach fragten wir ihn, wer denn zu Hilfe gerufen werden sollte. Es stellte sich heraus, dass es sein Vater war. Nicht dass er einen so guten Kontakt zu seinem Vater gehabt hätte, auch früher nicht, doch im Bild dieser Geschichte musste es eindeutig ein Vater sein. Der Vater stand hier als Bild für die Kraft des Vertrauens, der wir uns hingeben können. Es braucht nicht der biologische Vater zu sein, sondern es ist ein Bild für den archetypischen Vater, den Ur-Vater.

Wie änderte sich die Mythe dadurch? Als er um Hilfe rief, öffnete sich die Tür. Der Vater kam in einer großen Rüstung mit Schwert und Schild herein. Er stellte sich hinter ihn und sagte: »Dies ist mein Sohn.« Die Menschen reagierten darauf, indem sie Respekt für den Vater bezeugten, und fingen wieder an sich zu unterhalten. Die Drohung war abgewendet.

Nun wieder zurück zur konkreten Wirklichkeit. Wie müssen wir diese Hilferufe übersetzen? Zunächst können wir uns fragen, was für uns in diesem Bild der Vater darstellt. Es kann sich um eine Erinnerung an den eigenen Vater handeln, der uns früher gegen Bedrohungen beschützte. Er vermittelte uns vielleicht Sicherheit und wir greifen jetzt auf dieses Erlebnis zurück. Wir schaffen gewissermaßen aufs Neue ein gewisses Vertrauenserlebnis, das wir früher einmal gehabt haben, und lassen es in der Seele neu aufklingen. Statt uns zu versteifen und abzuwarten, wie sich die Angst unser bemächtigt, aktualisieren wir einen intakten, gesunden Bereich des Vertrauens in unserer Seele, indem wir eine Erinnerungserfahrung heraufholen und sie daneben stellen.

Dies lässt sich auch in eine größere Dimension übertragen: Wofür steht das Bild des Vaters? Wo hat es seine Realität? Wie stellen wir eine Verbindung mit dieser Ebene her, sodass wir uns sicher fühlen? Und wie pflegen wir diese Verbindung? Auf solche Fragen werden wir später noch ausführlicher eingehen im Zusammenhang mit den Gnade-Erfahrungen und der Meditation über Empfindungen.

Um das Problem schließlich so zu lösen, dass der Betreffende ruhig in der Runde sitzen kann, bedarf es zunächst einer gewissen Geistesgegenwart, um in dem Moment, wenn die Unruhe ausbricht, wach zu sein. Außerdem erfordert es die Wachheit, dass wir, statt uns zurückzuziehen, innerlich aktiv werden – das heißt uns in unserer Seele mit dem verbinden, woran wir Hilfe erleben. Das wiederum bedeutet, dass wir die Beziehung mit demjenigen, den wir um Hilfe bitten, verstärken müssen. Und dies ist niemand in der sinnenfälligen Welt, sondern eine Kraft in unserer Innenwelt!

Gespenster und Dämonen

In einer Mythe können sehr unterschiedliche Wesen auftreten. Neben Naturbildern und Menschen können sich auch Wesen melden, die keinen Wirklichkeitscharakter innerhalb der sichtbaren Welt besitzen, die wir jedoch als sehr real in unserer Innenwelt erleben. Folgendes Beispiel kann dies verdeutlichen.

Jemand berichtete mir Folgendes: Ausgangspunkt war eine Situation, in der sich die Betreffende zunächst sehr wohl und angenehm gefühlt hatte. Sie hatte in einem Kreis von Freunden und Bekannten berichtet, dass sie in ihrer Arbeit etwas erlebt hatte, worüber sie sehr froh war. Einer der Anwesenden hatte darauf etwas spitz reagiert mit der Bemerkung: »Nun, ich habe die Geschichte auch von einem anderen gehört, und der fand das überhaupt nicht so lustig.« Ihre Welt stürzte einen Moment lang in sich zusammen, eine große Enttäuschung bemächtigte sich ihrer. Als sie dann später in der Gruppe daraus eine Geschichte machte, berichtete sie: »Ich befand mich auf einer Weide. Es herrschte schönes Wetter, und ich war dabei, in angenehmer Gesellschaft etwas zu tun. Plötzlich öffnete sich der Boden, und es kam ein kleiner dunkler Kobold heraus. Er lachte mich furchtbar aus und stach mit einem dünnen Speer in meine Haut. Ich verfiel in Panik und konnte überhaupt nichts mehr tun!«

Als neues Element kommt hier ein Kobold ins Spiel. Er ist nicht ein Bestandteil der alltäglichen äußeren Realität, umso mehr jedoch in der Wirklichkeit unserer Innenwelt. Wie müssen wir damit umgehen? Sind wir dabei überzuschnappen? Und doch war dieser Kobold für die Betreffende sehr real, auch für die Zuhörer war er sehr stark erlebbar anwesend. Wir konnten ihn beinahe sehen!

Wie müssen wir die Gegenwart eines solchen Wesens interpretieren? Zunächst belasse ich es bei der Behauptung: Dieses Wesen ist eine Realität. Es existiert nicht in der physischen Welt, sondern in der Seelenwelt. Wie dieses Wesen dort lebt und wie es dorthin gekommen ist, bleibt zunächst eine offene Frage.

Ein weiteres Beispiel für ein solches Wesen, das nicht in der sichtbaren Welt existiert, jedoch in der Seele umso stärker, ist der »innere Kritiker«. Der Kritiker ist das Wesen, das oft über unsere Schultern blickt und beobachtet, was wir im täglichen Leben tun, und dies mit seinen Kommentaren begleitet: »Du stellst dich wirklich wieder dumm an, du kriegst auch gar nichts hin.« Dieser Kritiker hat eine sehr subtile Wirkung, wodurch er mehr Einfluss bekommt als er verdient. Er sagt im Allgemeinen Dinge, die wir selbst als wahr erleben und die oft tatsächlich wahr sind. Er benutzt dabei unsere Unvollkommenheiten. Das Einzige, was nicht stimmt, ist der Ton, den er anschlägt. Dadurch verrät er sich. Dieser Ton ist streng und verurteilend und ausgesprochen lieblos. Er versucht die Tatsachen so erscheinen zu lassen, dass wir meinen, wir hätten als Mensch kein Existenzrecht, wenn wir bestimmte Dinge nicht mehr tun. Er sagt implizit, dass es nicht zählt, weil wir Fehler machen. Wir zählen nur, wenn wir die Dinge richtig machen usw. Auf diese Weise richtet er Bedingungen für unser Dasein auf. Wir dürfen nur teilnehmen, wenn ...

Eine weitere untergrabende Strategie des inneren Kritikers besteht darin, dass er gern dazu übergeht, alles zu verallgemeinern. Er benutzt Wendungen wie »immer« oder »... auch nie!«: »Du machst das falsch. Du machst das immer falsch. Du machst auch alles falsch. Du machst auch nie etwas richtig. Du bist nichts wert.« Dadurch wird seine Botschaft immer destruktiver, mit allen

Dramen, die dazu gehören. Wenn Sie seine Wirkung ergründen wollen, so können Sie sich fragen: Was für eine Art Mensch will er aus mir machen? Wie sehe ich aus, wenn ich mich an die Regeln dieses Kritikers halte? In der Verlängerung dieser Frage liegen weitere: Was für eine Welt schafft er? Und will ich daran mitarbeiten? Auch diesen inneren Kritiker können wir durch eine Geschichte zum Leben bringen. Dann können wir erkennen, was für eine Figur er ist und wo in uns er seinen Ort hat. Manche Menschen beschreiben ihn als einen Vogel, der auf ihrer Schulter sitzt und in ihr Ohr zwitschert. Andere beschreiben ihn als eine magere, schwarz gekleidete Figur, die mahnend ihren Zeigefinger erhebt.

Sie können im Verlauf Ihrer Geschichte auch mit ihm in ein Gespräch eintreten. So beschrieb eine Teilnehmerin, dass sie dem Kritiker oft für seine Botschaft dankte und ihm dann befahl, wieder in seine Ecke zurückzukehren. Auf diese Weise gelang es dem Ich, sich über den inneren Kritiker zu stellen.

Bei den bisher geschilderten Beispielen ist es charakteristisch, dass die Geschichte immer einen festgelegten Verlauf hat. Der Betreffende reagiert erschrocken auf den Kobold und lässt es zu, dass dieser ihn auslacht. Er gewinnt an Boden. Oder er hört dem Kritiker zu und glaubt seinen Worten, weil er nicht unterscheiden kann, was dessen Realität ist. Das Auffallende bei diesen Wesen ist: Wir erleben sie meistens als etwas von uns selbst, gleichzeitig jedoch auch als etwas außerhalb von uns. Dies ist völlig zutreffend. Sie gehören zu uns, weil sie ihre Wohnstatt in unserer Seele haben. Doch sie gehören nicht zu dem Menschen, der wir eigentlich sind oder der wir in der Zukunft werden wollen. Sie gehören also nicht zu unserem Ich. Von unserem freien Ich aus können wir uns dem Teil unserer Seele, in dem diese Wesen wirksam sind, nähern und versuchen, ihn umzuformen.

Durch den Eintritt in die Feuerprobe eröffnet sich eine Welt von Kräften und Wesen. Eine neue Realität wird dadurch sichtbar. Es zeigt sich, dass eine Welt von Wesen in uns verborgen ist, die in unseren Seelen ein aktives Leben führt. Diese Wesen gehören zu einer anderen Kategorie als die früher beschriebenen Wesen aus der geistigen Welt. Jene sind höherer Ordnung. Die hier gemeinten Wesen sind im Vergleich dazu viel kleiner. Das zeigt sich an dem sehr beschränkten Bereich, mit dem sie sich befassen. Es ist nur ein ganz eingeschränktes Gebiet, mit dem sie sich abgeben, und auch dies nur mit vielleicht ganz wenigen Sätzen, die sie aussprechen.

In früheren Zeiten war die Existenz dieser Wesen viel selbstverständlicher, und die Menschen gingen viel selbstverständlicher mit ihnen um. Je stärker sich die Menschheit im Laufe der letzten fünfhundert Jahre auf die Wahrnehmung und Erforschung der materiellen Welt konzentriert hat, desto mehr verschwand diese Welt der Kräfte und Wesen aus dem Blickfeld und wurde verbannt in die Gefilde des Aberglaubens oder der Psychiatrie. Wenn wir die Erfahrungen vertiefen, die wir an den täglichen Ereignissen machen (dies gilt besonders für die größeren Dramen), dann kommen sie wieder ins Blickfeld. Dabei ist es notwendig, jederzeit gut zu unterscheiden, wo sie ihre Realität haben und wo nicht.

Im Bewusstsein der alten Kulturen war es ein Trost, die Geschichten zu vernehmen, in denen beschrieben wurde, wie man mit diesen Kräften umzugehen hatte. In den Märchen und Mythen war es der Held oder der Prinz, der das Beispiel gab, wie man mutig auf sein Ziel zugehen und dabei alle Widerstände überwinden konnte. Die Sprache dieser Märchen war diesen Tatsachen angepasst, sie konnten diese Realität vermitteln.

Wir können mit diesen Wesen in ein Gespräch eintreten. Durch die in den Geschichten beschriebenen Situationen können wir versuchen herauszufinden, welches die richtige Antwort bzw. die richtige Haltung ihnen gegenüber ist. Es ist nicht die Haltung von Wut oder Ärger – das beeindruckt sie überhaupt nicht. Ja, noch schlimmer, sie leben dadurch normalerweise sogar auf. Sie mögen Streit, Kampf, Auseinandersetzung und genießen sie. Auch Diskutieren hilft wenig. Sie sind viel schlauer als wir. Es erfordert also eine ganz entschiedene Antwort, etwa: »Ich bestimme selbst, wie ich die Dinge sehe. Ich habe eine andere Meinung darüber als du! Sei still und halte dich zurück!«

So führt uns der Weg der Feuerprobe, wenn wir ihn gehen wollen, durch verschiedene Welten. Zuerst betrachten wir, was in der sichtbaren Welt geschieht. Dann betrachten wir, was in der Seelenwelt stattfindet, also die Emotionen, Urteile und Ansichten; diese bringen wir dann durch Worte zum Ausdruck. Als Nächstes machen wir uns davon ein Bild. Jetzt geraten wir in eine Realität, die eine völlig andere Logik hat und die gewissermaßen über der Zeit steht. In dieser Welt suchen wir nach Beweggründen, und wir finden zum Beispiel die Sehnsucht nach dem Urbild des Vaters (siehe oben). Durch Meditation können wir eine tiefere Verbindung mit dieser Realität herstellen. Die daraus entstehende Kraft nehmen wir wieder mit zurück in die Alltagswelt.

Wenn wir mit einem Mitmenschen in einen Konflikt geraten, ist es auch möglich, diese Betrachtungsweise gemeinsam anzuwenden. Sie können dann zum Beispiel vereinbaren, dass jeder jeweils die Art betrachtet, wie der andere den Konflikt erlebt. Der eine *erzählt* zuerst seine Erfahrungen, während der andere nur *fragt*. Um die »Ladung« zu vermindern, kann der Erzähler das Geschehnis so beschreiben, als hätte es mit einer dritten Person stattgefunden. So durchlaufen Sie die verschiedenen Schritte bis zum beschriebenen Punkt, an welchem Sie eine Geschichte daraus machen. Jetzt erzählt der andere seine Sicht des Konfliktes und macht daraus eine Mythe. Oft zeigt sich dann, dass der Konflikt gar nicht zwischen Ihnen und Ihrem Gegenüber stattfand, sondern dass es sich um zwei innere Konflikte handelte, die jeweils auf den anderen und wieder zurück projiziert wurden.

Zusammenfassung der Schritte

1. *Suchen Sie eine Grenzsituation aus dem Alltagsleben. Wählen Sie ein kurzes und einfaches Ereignis.*
2. *Beschreiben Sie, was äußerlich und innerlich geschah.*
3. *Verengen Sie das Geschehen auf die (paar) Sekunden der eigentlichen Grenzerfahrung.*
4. *Welche Kräfte waren in der Seele wirksam? Welche Emotionen, Gefühle, Impulse traten auf? Welche Urteile, Ansichten, Normen und Werte spielten dabei eine Rolle? Listen Sie sie schriftlich auf. Betrachten Sie diese Kräfte ganz genau, sie werden rasch sehr viele erkennen!*
5. *Was trafen Sie in der betreffenden Situation an, wodurch diese für sie zu einer Grenzerfahrung wurde?*
6. *(Möglicherweise:) Was ist die Geschichte solcher Momente in Ihrem Leben?*

Jetzt gehen Sie an die Bearbeitung der Geschichte.

7. *Beschreiben Sie die einzelnen Kapitel:*
   - *Wie war Ihre innere Welt während der Grenzerfahrung beschaffen?*
   - *Beschreiben Sie den Einschlag.*
   - *Wie war Ihre innere Reaktion?*
   - *Wie ist es ausgegangen? Häufig ist dies nicht mehr spektakulär – es kühlt allmählich ab, es verlischt.*
8. *Beschreiben Sie jetzt in einem Bild, wie Ihre innere Welt vor dem Einschlag beschaffen war. Übersetzen Sie 7.1 zum Beispiel in ein Landschaftsbild. Wie war das Wetter? Waren Sie drinnen oder im Freien? Allein oder mit Menschen zusammen?*
9. *Übersetzen Sie den Einschlag in ein dramatisches Geschehen: Plötzlich flog die Tür auf und ...*

10. *Versuchen Sie, wieder in einem Bild, die Reaktion wiederzugeben, die Sie von innen her erlebten.*
11. *Gehen Sie jetzt fantasievoll auf die Suche nach einer Lösung für Ihre Geschichte, sodass sie einen Verlauf erhält, der für Sie befriedigend ist. Fantasieren Sie sich zum Beispiel Hilfe herbei, die Ihnen sehr gelegen kommt, oder malen Sie sich andere Reaktionen als die Standardreaktionen aus. Betrachten Sie alle Elemente aus sämtlichen Phasen der Geschichte.*
12. *Prüfen Sie im eigenen Inneren, wie die richtige, gute Version der Geschichte aussehen müsste. Sie entdecken sie anhand Ihres Gefühls für die innere Relevanz.*
13. *Übertragen Sie diese Veränderung jetzt wieder zurück in Ihr Alltagsleben.*

13 Besondere Erfahrungen

Zum Glück bietet das tägliche Leben nicht nur Grenzerfahrungen. Wir haben daneben auch andere besondere Erfahrungen, die anregend sind. Rührung und Berührtsein sind hier Anknüpfungspunkte, so wie bei den Grenzerfahrungen Ärger oder Unbehagen die Erkennungsgefühle sind. Man kann hier von einem weiteren Seelen-Sinnesorgan sprechen, das einen anderen Teil der Seelenwelt für uns öffnet, als es beispielsweise beim Ärger, bei der Feuerprobe der Fall war. Der Klang der Erfahrungen, von denen hier die Rede ist, ist viel zarter und er geht leichter in der Betriebsamkeit des Tages unter. Hier ist eine andere Art von Mut gefordert, es handelt sich auch nicht mehr um Angst, Unsicherheit oder Befangenheit, die uns daran hindern, diese Erfahrungen ihrem Wert nach zu schätzen. Es können beispielsweise Gefühle der Ehrfurcht auftreten, die uns erkennen lassen, dass wir etwas Besonderes erlebt haben. Bei all dem handelt es sich um Inhalte der höheren Seelenfähigkeiten.

Jeder erlebt in seinem Leben besondere Dinge, kann sich an außergewöhnliche Erfahrungen erinnern. Doch auch im ganz gewöhnlichen Tagesgeschehen können Momente auftreten, in denen wir von etwas im wahrsten Sinne »berührt« werden. Es muss gar nicht immer etwas Großartiges, Besonderes geschehen; vielmehr nehmen wir in etwas Alltäglichem plötzlich die besonderen Seiten wahr. Durch diese Wahrnehmung werden wir gewissermaßen aus der Alltäglichkeit herausgehoben und in etwas Größeres aufgenommen. Oft finden solche Momente in aller Stille statt, ihre Größe äußert sich nicht in der sichtbaren, sondern in der Innenwelt.

Ich befrage Menschen oft nach ihren schönsten Erfahrungen. Wenn man zusammen mit Betroffenen an ihren traumatischen Erinnerungen oder den Elementen der Feuerprobe in ihrem Leben arbeitet, ist es wichtig, auch einmal die entgegengesetzten Erlebnisse zu betrachten, denn das hält die Seele im Gleichgewicht und kann Mut schaffen, den Schmerz zu tragen.

So fragte ich einmal eine junge Frau nach dem schönsten Erlebnis ihres Lebens. Sie erzählte: »Einer der schönsten Momente in meinem Leben war, als ich bei den niederländischen Federball-Meisterschaften zusammen mit meiner Partnerin den dritten Platz belegte! Ich war so aufgeregt und stolz, so etwas habe ich später nie wieder erlebt.« Charakteristisch an diesem Erlebnis ist, dass es sich mitten im Rampenlicht ereignete. Solche Erfahrungen sind dadurch gekennzeichnet, dass sie einem schmeicheln und man stolz auf sie sein kann: Man erfährt die Wertschätzung anderer Menschen und das gibt Selbstvertrauen. Aber es vermittelt nicht die Kraft, um die es hier eigentlich geht. Ich fragte die Betreffende, ob sie sich noch an ein anderes Erlebnis erinnern könne, eine eher stille oder innerlich anrührende Erfahrung. Da erzählte sie Folgendes: »In der Nacht, in der meine Großmutter starb, träumte ich von ihr. Sie kam noch einmal zu mir, um Abschied zu nehmen. Sie stand in einem Zimmer, dessen Hinterwand fehlte, an deren Stelle war da ein intensives Himmelblau, das enorme Ruhe und Vertrauen ausstrahlte. Dann ging sie langsam weg und ich folgte ihr noch ein Stückchen bis zu einem großen Licht. Da sagte meine Oma, dass sie hier Abschied nehmen müsse. Ich musste zurück. Ich war richtig glücklich, als ich nach diesem Traum erwachte.«

Charakteristisch für das zweite Beispiel ist, dass es in aller Stille im Innern der Seele stattfand, es hat eine besondere Saite in der Seele berührt. Im vorliegenden Fall fand es im Traum statt, doch oft geschieht so etwas auch tagsüber. Solche Erfahrungen können uns nachhaltig verändern, denn sie zeigen uns für einen kurzen Moment eine größere Dimension der Welt.

Im Allgemeinen haben Grenzerfahrungen eine völlig andere Wirkung in unserem Leben als die »schönen Erfahrungen«. Wenn wir etwas erlebt haben, was sehr unangenehm oder sogar traumatisch ist, schmerzt dies und erzeugt Kummer. Ist der Schmerz zu stark oder sind wir noch zu jung, um das Geschehen zu verarbeiten, ziehen wir oft die Schlussfolgerung: Dies will ich niemals mehr erleben. Wir beginnen unbewusst darauf zu achten, dass nichts geschehen kann, was noch einmal den selben Schmerz hervorruft. Es funktioniert wie eine Art Allergie. So kann ein Vermeidungsverhalten entstehen. Viele Menschen haben ein solches Vermeidungsverhalten in Bezug auf Konflikte, da sie vielleicht früher oft Streit erlebt haben. Sie fühlten sich dadurch rasch verletzt oder einsam und um diesen Schmerz zu vermeiden, kamen sie zu der Schlussfolgerung, Streit und Konflikten strikt aus dem Weg gehen zu müssen. Als Nächstes entsteht eine Angst vor Konflikten und ein Vermeidungsverhalten in Bezug auf alles, was Spannungen beinhaltet. Diesen Prozessen begegnen wir im Bereich der oben beschriebenen Feuerprobe: Immer wenn es ein wenig spannend wird, meldet sich der alte Schmerz, ohne dass wir uns dessen bewusst sind, was sich eigentlich abspielt.

Die hier thematisierten »besonderen Erfahrungen« des Lebens haben gewöhnlich eine ganz andersartige Wirkung auf die Seele. Wenn wir etwas Besonderes erleben, fühlen wir uns berührt, und das hebt uns jedes Mal ein wenig aus dem Alltäglichen heraus. Vielleicht erzählen wir unser Erlebnis gleich oder später anderen, und dann werden wir rasch bemerken, dass es die Neigung entwickelt, zu einer Geschichte zu werden, bei der die Gefühle verblassen. So verschwindet das Erlebte allmählich aus dem Bewusstsein. Es kann auch vorkommen, dass uns eine Erfahrung tief berührt, andere darauf jedoch spottend reagieren. Durch diese Reaktion nehmen sie der Situation ihren Wert, und aus Selbstschutz sprechen wir dann nicht mehr darüber. Beispielsweise Menschen mit Nahtod- oder Engelerfahrungen hören irgendwann auf, über ihre Erlebnisse zu sprechen, wenn man ih-

nen zu häufig skeptisch und ungläubig zugehört hat. Die schöne Erfahrung wird dann in der Seele eingeschlossen und verblasst dort allmählich.
Wir wollen nun schrittweise die Wirkungen besonderer Erfahrungen weiter vertiefen und prüfen, welche Welten sich hinter ihnen offenbaren. Zuerst suchen Sie in Ihrer Vergangenheit nach einer besonderen Erfahrung. Hier können wir von folgendem Beispiel ausgehen:
»Ein besonders schöner Moment war der, als ich einmal am frühen Morgen zusammen mit ein paar Freunden einen Sonnenaufgang beobachtet habe. Es war noch neblig und der Himmel war leicht bewölkt. Erst färbte sich der Himmel leicht violett, danach bildeten sich rote Streifen, und alle Wolken nahmen eine tief rote Farbe an. Dann ging die Sonne auf, ebenfalls mit einer tief roten Farbe, die sich beim weiteren Aufstieg langsam in ein goldenes Sonnengelb verwandelte. Wir alle waren tief von diesem Schauspiel berührt. Es war einfach großartig.«
Ich fragte den Betreffenden, was diese Erfahrung für ihn so außergewöhnlich gemacht habe. Da nannte er die Stille der Natur, die Verbundenheit mit den Menschen, die zusammen mit ihm das Naturschauspiel betrachteten, und die Schönheit der Farben, die ihm entgegenstrahlten. All diese Elemente zusammen machten dieses Erlebnis für ihn so einzigartig.

Meine nächste Frage lautete: »Was erlebten Sie in diesem Geschehen, was Sie so tief berührte?« Nach kurzem Nachdenken antwortete er etwas verlegen: »Es war viel mehr als ein normaler Sonnenaufgang. Eigentlich erlebte ich darin etwas Göttliches. So muss das Paradies aussehen!«

Zu große Worte für ein ganz normales Geschehnis? Oder umgekehrt: Die richtigen Worte für etwas, was wir irrtümlich für eine ganz normale Sache halten? In der Seele dieses Menschen war es eindeutig Letzteres. Deswegen spreche ich bei solchen Erlebnissen von »Gnade-Erfahrungen«.

Gewöhnlich ist es vielen Menschen unangenehm, sich die

Größe solcher Erfahrungen ins Bewusstsein zu rufen, und noch schwerer fällt es ihnen, öffentlich darüber zu sprechen; so schweigt man lieber und sie verschwinden sehr rasch in der Erinnerung unter der Kategorie »ein schönes Erlebnis von damals«.

Durch die Frage, was dieses Erlebnis zu etwas Besonderem machte, haben wir uns in ein seelisches Gebiet begeben, in dem ganz andere Kräfte leben als die früher geschilderten Dämonen oder Gespenster. Hier erfahren wir, wie die schaffende Welt auf uns einwirkt. Indem wir beim Erleben des Besonderen innehalten, können wir uns der Wirkung dieser Welt bewusst werden. Das Erleben des Berührtseins ist eine Art Sinnesorgan, durch welches wir dies bemerken, ähnlich wie Ärger oder Unbehagen ein Sinnesorgan für die Wirkung von Dämonen sind.
Wir können bei den oben geschilderten Beispielen verschiedene Elemente unterscheiden:

- ein besonderes Erlebnis: der farbenprächtige Sonnenaufgang,
- das Erlebnis des Sonnenaufgangs selbst, der später zu einem Erinnerungsbild wird,
- die besonders deutlich, quasi in Vergrößerung wahrgenommenen Elemente in dem Geschehen,
- die Gegenwart von etwas Großartigem, das als »göttlich« bezeichnet wurde.

Was Sie erleben, wird durch ein äußeres Ereignis hervorgerufen, doch die Tatsache, dass Sie es erleben und als außergewöhnlich empfinden, ist eine Reaktion der Innenwelt. Die Zeit schreitet weiter und das Geschehen geht vorüber. Was übrig bleibt, sind:

- die Erinnerung an das Ereignis selbst und
- die Erinnerung an Ihr Erlebnis, dass Sie daran hatten.

Diese decken sich nicht völlig; wenn Sie anderen davon erzählen, lässt sich der Sonnenaufgang zwar beschreiben, doch Ihre Erfahrung dieses Ereignisses lässt sich viel schwieriger vermitteln. Und dann ist da noch die Erfahrung von etwas, das sich hinter diesem Ereignis verbirgt: Sie erfahren etwas Göttliches. Das Göttliche ist nicht sichtbar, doch Sie erleben, dass es sich in dem Ereignis ausspricht. Das Göttliche ist eine Kraft, die sich in den Ereignissen manifestieren kann. All das kann nebeneinander in Ihrer Seele anwesend sein.

Von dem Erinnerungsbild ausgehend können Sie das Außergewöhnliche, das Sie erlebt haben, in sich wieder zum Leben erwecken und auf sich wirken lassen. Dann können Sie sich aufs Neue von dem Verborgenen berührt fühlen und seine Kraft auf sich wirken lassen. Dies kann tröstend wirken und Vertrauen erzeugen.

Die Voraussetzung, dass sich Ihre Seele bleibend für solche besonderen Erfahrungen öffnet, ist eine Haltung von Ehrfurcht und Respekt. In der Welt der Menschen können Sie wichtig und bedeutend sein und Sie erhoffen sich Anerkennung für das, was Sie tun. Als Teil der geistigen Welt jedoch sind Sie nur klein, und wenn Sie die Wirkungen dieser Welt erfahren wollen, müssen Sie dazu bereit sein.

Manchmal kann es passieren, dass Sie eine ganz besondere Erfahrung machen, weil sich durch den Kontakt mit einem anderen Menschen für Sie ein noch unbekanntes Gebiet der Seelenwelt öffnet. Dies ist zum Beispiel der Fall, wenn Sie sich verlieben. Ein Beispiel: Jemand lebt in einem Rausch ständiger Betriebsamkeit. Seine Arbeit fordert äußerst viel von ihm. Er hat kaum Zeit für die schönen Dinge des Lebens und seine Seele trocknet sozusagen immer mehr aus. Und dann plötzlich trifft er *sie*! Schlagartig öffnet sich seine gesamte Gefühlswelt und die Sonne fängt wieder an zu scheinen. Alles bekommt einen Goldrand, den er so schon lange nicht mehr wahrgenommen hat. Ein herrliches Gefühl! Dabei mag man zunächst die Empfindung haben, es liege an dem anderen, dass Sie dieses Gefühl wieder erleben können und dass Sie diese Gefühle nur deswegen empfinden können, weil der andere da ist. Das macht Sie in einer gewissen Weise unfrei, weil Sie die Existenz solch besonderer, reicher Gefühle abhängig von einem anderen Menschen machen.

Hier geschehen aber zwei Dinge gleichzeitig: Sie begegnen einem anderen, und gemeinsam erschließen Sie sich ein Seelengebiet. Die Erfahrung jedoch tritt in Ihnen auf, es ist eine Saite in Ihrem Inneren, die berührt wird. Diese beiden Seiten sollten gut voneinander unterschieden werden. – Die Übungen die sich auf die besonderen Erfahrungen beziehen, haben das Ziel, solche reichen Seelengebiete auch aktiv und selbstständig zugänglich zu machen, ohne dass es eines äußeren Anstoßes bedarf.

Wir haben nun zwei verschiedene Gebiete der Seelenwelt beleuchtet: Das erste Gebiet betraten wir, indem wir das Seelen-Sinnesorgan auf Unbehagen und Ärger angewendet haben. Durch seine Anwendung und die sich daran anschließende innere Erkundungsfahrt haben wir die »Unterwelt« betreten: den Abgrund unserer Seele. Hier wurden wir konfrontiert mit dem Teil unserer Seele, an dem wir arbeiten wollen. Dort lagern viele Erinnerungen an vergangene Situationen, und wir erlebten daran, dass diese die Pforte zu früheren Leben öffnen können. Es ist die Welt, in der Dämonen und Gespenster, aber auch der innere Kritiker ihr Dasein haben. Es ist jedoch auch eine Welt, die wir betreten und während unseres Lebens immer reiner und harmonischer gestalten können. Dies erfordert Mut und Durchsetzungskraft.

Das zweite Seelengebiet haben wir geöffnet, indem wir das Seelen-Sinnesorgan des Berührtseins benutzten. Hiermit haben wir die Größe des Lebens, der Schöpfung wahrgenommen und haben erste Schritte in dieses Gebiet getan. Dahinter verbergen sich diejenigen Wesen, die die Erde und die Welt geschaffen haben.

So haben wir zwei verschiedene Organe benutzt.

Indem wir uns regelmäßig derartige Erfahrungen bewusst machen und sie innerlich vertiefen, bilden wir ein Organ aus, mit dem wir solche Ereignisse auch während des Alltags wahrnehmen und uns davon erfüllen lassen können. Dies gibt Kraft für den Tag und stärkt unsere Vertrauensfähigkeit.

Zusammenfassung

- Sie machen die »vorbereitende Übung« (hier Seite 46ff.), um Konzentration und innere Ruhe vorzubereiten.
- Sie suchen nach einer Situation, in der Sie sich innerlich stark von etwas berührt fühlten.
- Sie vergegenwärtigen sich die Erinnerungen mit dem gesamten damit verbundenen »Lokalkolorit«.
- Sie verweilen bei der Wirkung, die das erinnerte Ereignis auf Sie hatte, und lassen diese durch Ihre Seele ziehen.
- Sie fragen sich: Was machte diese Situation zu etwas Besonderem? Geben Sie diesem »Besonderen« einen Namen, fassen Sie es in Worte.
- Verweilen Sie nun bei diesem Höheren, Besonderen, und lassen Sie dessen Wirkung durch Ihre Seele ziehen.

14 Inspirationsquellen: die Wasserprobe

Zwei verschiedene Gebiete der Seelenwelt haben wir nun kennen gelernt:

- das Gebiet des Abgrundes, bewohnt von Gespenstern und Dämonen;
- das Gebiet der Gnade schenkenden Wirkungen bzw. Wesen.

Jetzt wollen wir ein drittes Gebiet erkunden: das Gebiet der Inspirationsquellen. Inspirationsquellen verleihen uns Begeisterung, wir verdanken ihnen Engagement und Impulse, die zu Taten führen. So können wir aus eigenem Antrieb ganz im Kleinen etwas Sinnvolles zu unserer Umgebung und im Großen für die Welt als Ganzes beitragen. Hinterfragen Sie diese Begeisterung und es entstehen neue Erkenntnisse über ihre Hintergründe; indem Sie nach diesem Gebiet der Inspiration suchen, verbinden Sie sich mit Gefühlen, die tief im Unterbewussten liegen und mit Ihrer Mission in der Welt zusammenhängen.

Jeder Mensch hat eine Mission und ist deswegen in der Lage, durch sein Leben zum Ganzen beizutragen, Mitschöpfer der Welt zu werden. In uns lebt eine tiefe Sehnsucht nach diesem Gebiet. Es ist die Sehnsucht, die in der Frage lebt, die wir zu Beginn des Buches stellten: »Was will ich eigentlich?«

Ist jeder Mensch tatsächlich Mit-Schöpfer? Ich höre sofort die Einwände meines inneren Kritikers: »Mach dir einmal klar, was du da sagst. Schau dich doch um, es gibt so viele Menschen, die wichtiger sind als du!« Dies sind wieder jene lähmenden Einwürfe, die so typisch zu unserem inneren Kritiker gehören, und uns davon abhalten wollen, unseren eigenen Beitrag zu leisten. Sie wollen uns von unserer Mission abhalten. Enttäuschung und

Zynismus sind die Folge. Wir können unseren Einsatz in der Welt mit einer Zelle im menschlichen Körper vergleichen: Jede Zelle trägt dazu bei, ein Organ zu bilden. Jedes Organ trägt dazu bei, einen Organismus zu schaffen. Keine Zelle kann unabhängig von den anderen existieren, jede stützt sich auf die Wirkung der anderen. Natürlich sind wir es gewohnt zu denken, dass manche Organe im Körper entbehrlich sind, weil sie keine eindeutige Funktion haben. Dies gilt vor allem für diejenigen Organe, deren Funktion es ist, die geistige Seite des Menschen im Körper zu verankern.

Was müssen wir uns konkret unter einem solchen Mitschöpfertum vorstellen? Wir können unterschiedliche Dinge auf verschiedenen Ebenen schaffen: Der eine schafft etwas im kleinen Umkreis seiner direkten Lebensumgebung, der andere wirkt in einem weiteren Lebenskreis, wie zum Beispiel einem Verein, einer Kommune oder einem Land. Menschen, die in größerem Maße sichtbar werden, stehen eher im Rampenlicht, werden in der Regel als »wichtig« erachtet. Doch sie können diese Funktion nur ausüben, wenn andere auf einer beschränkteren oder niedrigeren Ebene ebenfalls ihren Beitrag leisten und sie dadurch unterstützen. Es bedarf einer gewissen Bescheidenheit, wenn wir auf die Suche nach unserer eigenen Mission gehen. Neben dieser Bescheidenheit steht die Bereitschaft, unsere eigene Mission ernst zu nehmen und den Mut zu haben dafür einzustehen.

Ich würde gern mit Ihnen ein paar Beispiele betrachten, in welcher Weise Menschen schaffend ins Weltgeschehen eingreifen. Ich beginne mit ein paar berühmten Beispielen, danach blicken wir auf bescheidenere, alltäglichere.

Nehmen wir einmal die Biografie des Niederländers Geert Groote. Er lebte von 1340 bis 1384, wurde also 44 Jahre alt. Seine eigentliche schöpferische Tat bestand darin, dass er einige Häuser gründete, in denen Laien aus einer christlichen Inspiration heraus als Bruderschaft gemeinsam lebten. Das war etwas

Neues in einer Zeit, in der die Klöster noch florierten. In diesen Häusern strebte man nach Gleichwertigkeit und Toleranz. Ihre Bewohner trachteten danach, in ihrem alltäglichen Leben den Weg nachzuahmen, den Christus vorangegangen war. Daneben empfingen sie dort Studenten der örtlichen Schulen und Universitäten, um ihnen Nachhilfe zu geben und von ihren Idealen zu berichten. Zunächst war all dies noch ziemlich unauffällig, doch es hatte eine so starke Keimkraft, dass die Zahl dieser Häuser sich nach dem Tod Geert Grootes drastisch erhöhte. Immer neue Generationen von Studenten gingen durch diese Stätten, wodurch schließlich sehr viele Menschen mit dem neuen Impuls in Berührung kamen. So entstand in der Bevölkerung ein Quell von Toleranz und innerer Kraft, der noch über Jahrhunderte fortwirkte, wie der französische Historiker Yves Cazaux dieses Geschehen beschrieb. – Worin bestand die schöpferische Leistung Geert Grootes? Sicher weniger in der Gründung der beiden Häuser als in dem Impuls einer Lebenshaltung, die sich aus Gemeinschaft und Toleranz speiste. Dieser Impuls konnte viele Jahre lang reifen, bevor er eine Wirkung in der Welt erlangte. Geert Groote hat dies selbst nicht mehr erlebt, wahrscheinlich war ihm gar nicht bewusst, was er angestoßen hatte. Er war nur seiner Mission gefolgt, die in einen viel größeren Zusammenhang eingebettet war.

Ein zweites Beispiel: Elisabeth Kübler-Ross. Sie hat sich ein Leben lang mit Forschungen im Umkreis des Todes beschäftigt. Ihre Bücher sind weltweit bekannt geworden und haben einen starken Impuls in Bezug auf die Begleitung Sterbender und eine angemessene Trauerarbeit ausgelöst. Am Ende ihres arbeitsreichen Lebens sagt sie in ihrer Autobiografie, die Botschaft, die sie der Menschheit zu bringen habe, laute: »Der Tod existiert nicht! Er ist nur ein Übergang. Habe Vertrauen!«. Ihre schöpferische Leistung besteht darin, dass sie eine neue Erkenntnis in die Welt brachte, ein Leben lang war sie auf der Suche und kam immer wieder in Situationen, die sie als Chancen begriff. Diese riefen

Impulse in ihr hervor, denen sie folgte. Immer wieder entstammen sie einem Gefühl der Anteilnahme, der Betroffenheit, der Begeisterung. Sie hatte oft den Mut, zu Impulsen Ja zu sagen, von denen sie noch nicht wusste, wohin sie sie führen würden. Handelnd, im Tun entsteht allmählich ihr Lebenswerk. Sie wusste nicht von vornherein, wohin ihr Lebenswerk tendierte, handelte aber stets aus Inspiration, und nach längerer Zeit wurde deutlich, wohin sie diese Inspiration führte. Das ist der Charakter der Inspirationsquellen: Sie offenbaren sich allmählich, Schritt für Schritt. Das letztendliche Ziel ist nicht sichtbar, sondern es entfaltet sich allmählich. Der nächste Schritt wird möglich durch den jeweils vorigen.

Auch in der Kunst begegnen wir vielen Persönlichkeiten mit einer Mission. Ich nannte bereits den Maler Wassily Kandinsky. Seine Mission bestand darin, durch die Kunst neue seelische Welten sichtbar zu machen. Wir können unter diesem Aspekt auch auf Rembrandt und seine Suche nach dem richtigen Licht blicken. Bemerkenswert ist sein Bildnis des Evangelisten Matthäus. Er malt ihn bei der Arbeit, in den Raum starrend, wie auf der Suche nach den richtigen Bildern, die er beschreiben möchte. Sein Inspirator flüstert ihm Dinge ein, die er zu vernehmen versucht (siehe Abbildung 6 im Bildteil nach S.160).

Nicht immer stehen schöpferische Taten so im Rampenlicht und sind derart spektakulär. Es gibt auch Menschen, die in ihrer direkten Umgebung schöpferisch sind, indem sie für etwas sorgen. Sie sorgen zum Beispiel für eine gesunde oder schöne Umgebung, in der sich Menschen, Tiere oder Pflanzen wohl fühlen können. Oft sind dies unsichtbare Schöpfungsleistungen, die erst dann auffallen, wenn sie nicht mehr verrichtet werden, da es sich oft »nur« um Vorbedingungen handelt, die kaum wahrgenommen werden und dementsprechend auch nicht die Anerkennung erhalten, die sie verdienen. Es gibt beispielsweise Menschen, für die es sehr wichtig ist, Gerechtigkeit herzustellen. Sie wollen, dass durch ihr Handeln Gerechtigkeit entsteht. Wiederum andere wollen gern gute Materialien herstellen, zum Beispiel in Form guter Möbel oder schöner Gegenstände, die zu einer besonderen Stimmung im Haus beitragen, oft verbunden mit einer künstlerischen Funktion. Erkenntnisse, Stimmungsbildung, Materialien – all dies sind Beiträge, die Menschen zugunsten der Menschheit leisten, seelische Talente, die Menschen als ihren Beitrag zum Ganzen einbringen.

Wie leben sie diese Mission nun konkret aus? Wunderbar ist es, wenn sie ihre Mission in ihrer Arbeit ausleben und damit auch ihren Lebensunterhalt bestreiten können. Dann passt ihre Arbeit zu ihnen, und sie können sich in ihr entwickeln. Doch in den heutigen Verhältnissen funktioniert dies nicht immer. Der Beitrag verschiedener Menschen wird sehr unterschiedlich in seinem Wert geschätzt. Gutes Handwerk in der Form hochwertiger Möbel zieht meistens den Kürzeren gegenüber der billigeren Massenproduktion. Dies geht auf Kosten der Mission einer großen Zahl von Menschen. Viele weichen darum auf freiwillige Aktivitäten in den Abendstunden aus, andere leben ihre Mission in Tätigkeiten für Organisationen wie Amnesty International o.Ä. aus, ohne damit ihren Lebensunterhalt zu verdienen. Es ist eine völlig freie Tat, die sie leisten und die oft mit einem Opfer verbunden ist – sie können sich existenziell nicht voll mit ihrer täglichen Arbeit, die sie leisten müssen, verbinden.

Wie finde ich nun meine Inspirationsquellen? Um diese Frage zu beantworten, gehen wir zuerst auf die Suche nach konkreten Anknüpfungspunkten im Alltagsleben. Bei der Feuerprobe nahmen wir die kleinen Momente als Ausgangspunkt, bei denen wir an unsere Grenzen kommen und Unbehagen, Unsicherheit oder Angst bemerken. Auf der Suche nach den Quellen unserer Inspiration, die schon vom Wort her einen Bezug zur Wasserprobe haben, müssen wir auf andere Momente achten. Es lassen sich im täglichen Leben drei verschiedene Anknüpfungspunkte finden, von denen aus ich diese Suche beginnen kann. Es sind Momente, in welchen solche Inspirationsquellen tatsächlich gewirkt haben:

- Blicken Sie zurück auf einen Moment, in dem der Impuls zu einer Handlung spontan in Ihnen aufkam, Ihre Handlung Ihnen durch Engagement und Begeisterung eingegeben wurde und nicht Folge einer Frage anderer Menschen war. Offenbar fühlten Sie sich innerlich von etwas angesprochen, wodurch Sie ins Handeln kamen. (Es handelt sich hier selbstverständlich nicht um die mehr zwanghaften Handlungen, die Sie tun, weil »man es so tut«.)
- Gehen Sie zurück in Ihrer Erinnerung, bis Sie einen Moment finden, in dem Sie etwas getan haben, bei dem Sie eine starke Befriedigung erlebten. Es geht nicht um Handlungen, auf die Sie stolz waren oder wofür Sie viel Lob ernteten, sondern um die stillen Momente der Befriedigung bzw. Dankbarkeit dafür, dass Sie etwas beitragen konnten. In solchen Momenten können Sie das Gefühl haben, dass Ihre Mission erfolgreich ist.
- Suchen Sie einen Moment, in welchem Sie sich mehr als normal berührt oder irritiert fühlten von etwas, was Sie erlebten. Das Gefühl des Ärgers deutet darauf hin, dass etwas Sie berührt hat; Ärger, der über das gewöhnliche Maß hinausgeht, sagt Ihnen etwas über Sie selbst. Dieser Ärger ist in erster Linie ein negatives Engagiertsein.

Beim Suchen nach Ihren Inspirationsquellen stellen Sie sich andere Fragen als beim Eintritt in die Feuerprobe, denn hier können Sie sich selbst klarmachen, dass Dinge Sie stärker berühren, weil sie Sie stärker angehen. Das Gegenteil des Ärgers ist das positive Engagiertsein. Ärger kann darauf hindeuten, dass Sie schmerzlich von etwas berührt sind, was möglicherweise von Ihnen fordert, dass Sie zur Tat schreiten müssen. Tun Sie das nicht, setzt sich das um in Ärger.

Wir befinden uns hier im Bereich der Seele. Darin treffen wir in uns selbst Engagement und Begeisterung an, ebenso aber auch Ärger und Schmerz. All diese Gefühle sind wiederum Wahrnehmungsorgane für Wirkungen einer höheren Ordnung.

Was nehmen wir mit dem Organ unserer Begeisterung wahr? Das Wort Begeisterung kommt vom ursprünglich griechischen Enthusiasmus, was wörtlich bedeutet: von einem Gott besessen. Im alten Griechenland erlebte man offenbar, dass Begeisterung nicht aus dem Menschen selbst stammt, sondern eine Wirkung der Götter in ihm war. Ereignisse können uns berühren und begeistern, diese Begeisterung kann unsere Muskeln in Bewegung setzen, was uns zu Handelnden macht. Wir fühlen uns buchstäblich »bewegt« und bewegen uns infolgedessen. Dadurch werden unsere Qualitäten in der Welt sichtbar und entwickeln sich weiter.

Richten wir jetzt einmal den Blick auf die geistige Seite. Was steht hinter einem Talent oder einer seelischen Qualität? Nehmen wir beispielsweise das Gefühl für Recht und Unrecht. Es ist eine solche seelische Qualität. Unser Bedürfnis nach Gerechtigkeit kann in unseren Taten in der Welt sichtbar werden – dann hinterlässt es bei unseren Mitmenschen einen »Eindruck«. Doch was ist Gerechtigkeit an sich? Was ist es für eine Kraft? Wo in der Welt ist sie wirksam? Was macht ein Rechtsempfinden möglich? Und welche Folgen hat es, wenn keine Gerechtigkeit herrscht? Dann bildet sich ein Raum für das Gegenteil, Ungerechtigkeit und Egoismus … Wenn wir solche Fragen stellen und die entsprechenden Antworten suchen, gehen wir von unserer eigenen Seele aus und gelangen in die allgemeine Seelenwelt. Wir können entdecken, wie sich dort vor dem Hintergrund des Geschehens ein Kampf zwischen entgegengesetzten Qualitäten wie zum Beispiel Gerechtigkeit und Ungerechtigkeit abspielt.

Hinter der Welt der Kräfte verbirgt sich die Welt der Wesen. Bei der Beschreibung der Feuerprobe begegneten wir den Dämonen, den Gespenstern und dem inneren Kritiker. All diese Wesen haben eine stimulierende Wirkung. So steht hinter dem Begriff Gerechtigkeit ein Wesen, das Gerechtigkeit schaffen will. Dieses Wesen trägt mit seinem Vermögen zur Entwicklung der Welt als Ganzer bei. In der Mythologie werden solche Wesen als Götter beschrieben. Wenn ein neuer Gott oder eine neue Göttin geboren wird, bedeutet das, dass eine neue Qualität entsteht. So beschreibt die griechische Mythologie die Geburt der Pallas Athene als Tochter des höchsten Gottes Zeus. Sie geht aus seinem Haupt hervor, bekleidet mit einer glänzenden Waffenrüstung. Sie ist die Göttin des zielstrebigen exakten Denkens. Dies drückt sich in dem Bild aus, dass sie aus dem Kopf ihres Vaters hervorgegangen ist. Es ist ein sehr kämpferisches Denken, gepaart mit einer gewissen Schlauheit und sehr geeignet für Krieg und Gefahr. Daher die Waffenrüstung. So erlebten die Griechen die Geburt einer neuen Qualität, die ab diesem Moment der Menschheit zur Verfügung steht. Daran schließen sich die Sagen an, die von Menschen handeln, die diese neue Denkqualität anwenden und als Vorbilder und Beispiele dienen, dies auch zu tun. Lesen Sie einmal unter diesem Gesichtspunkt die Odysseus-Sagen.

Als nächsten Schritt können Sie versuchen, sich in diese Welt der schaffenden Wesen einzuleben. Sie versuchen dann, sich mit Ihrem Bewusstsein in das Gebiet hineinzuleben, von dem aus auf unsere Lebenswelt geblickt und unsere Entwicklung inspiriert wird. Dort »lebt« der Inspirator, der uns Menschen die Impulse zum Schaffen einer solchen Qualität wie zum Beispiel jener der Gerechtigkeit gibt. Er kann dies tun, indem er inspirierende Gedanken schenkt, durch die ein Mensch sich vorzustellen beginnt, wie es sein kann, wenn wir Menschen uns gerecht zueinander verhalten. Er kann dies auch tun, indem er Gefühle der Entrüstung über Unrecht in uns erweckt oder solche des Mitleids mit denen, die ungerecht behandelt werden. Wir können versuchen, uns in dieses Wesen und die »Techniken«, die es dafür verwendet, einzuleben; so können wir ein klein wenig den Schleier heben, der verbirgt, wie diese Wesen in unser tägliches Leben eingreifen. Auf die Technik dieses Einlebens werde ich in den Kapiteln über die Meditation noch genauer eingehen.

Die Inspiratoren sind Geistwesen, die schaffend an unserer Welt arbeiten. Dadurch schenken sie uns Kräfte, die in unserer Seele in Form von Qualitäten anwesend sein können. Wir können diese Qualitäten in der Welt wirksam werden lassen. Es hängt von unserer Freiheit und unserem Verantwortungsbewusstsein ab, ob und wie wir das tun. Wir können dann anfänglich erleben, dass dasjenige, was wir als Inspiration und Impuls in uns spüren, nicht nur eine persönliche Angelegenheit von uns allein ist. Die geistigen Wesen sind nicht stofflich, haben im materiellen Sinn keine Arme und Beine. Ihre »Gliedmaßen« können wir bilden, wenn wir dies in Freiheit tun wollen – dann werden wir zu Mitschöpfern.

Auf diese Weise sind wir als Menschen durch unsichtbare Fäden mit der geistigen Welt verbunden, aus der wir inspirierende Kräfte empfangen können, und so können wir uns auch mit anderen Menschen verbunden fühlen, die in ähnlicher Weise zu Gliedmaßen geworden sind. Diese Verbundenheit mit der geistigen Welt und mit anderen Menschen fängt Energie ein; das Fehlen einer solchen Verbindung bewirkt, dass wir alles aus unserer eigenen persönlichen Energie tun müssen, was entsprechend mehr Kraft kostet:

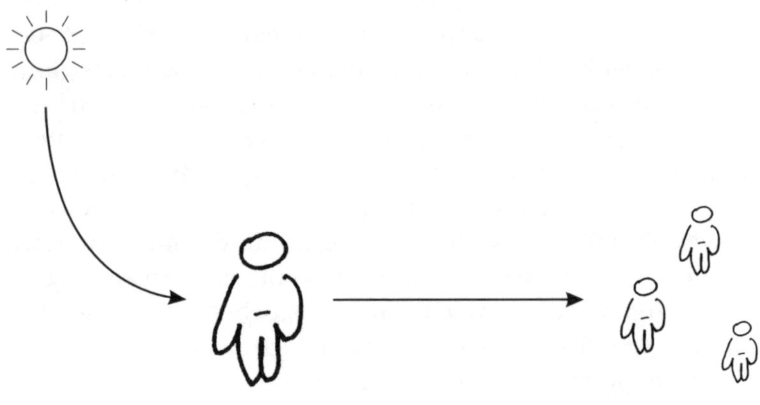

Alle schaffenden Wesen wirken zusammen, damit die Menschheit und die Erde sich so entwickeln, wie es in der geplanten Linie der geistigen Welten liegt. Wir können von dieser Perspektive aus aufeinander hören und zu sehen versuchen, was der Beitrag jedes Einzelnen zu diesem Fortschritt sein kann. Dann sprechen wir jeden in seiner Mission an, und wir generieren Energie für das Ganze.

Dieser Geste begegnete ich im folgenden Spruch:

If a man does not keep pace with his companions, perhaps it is because he hears a different drummer. Let him step to the music he hears, however measured or far away.

Wenn ein Mann nicht im Gleichschritt mit seinen Genossen geht, liegt das vielleicht daran, dass er einem anderen Rhythmus folgt. Lass´ ihn der Musik folgen, die er hört, ganz gleich, ob angepasst oder eigenständig.

Henry David Thoreau

Versuchen wir jetzt, diese Gedanken mit dem zu verknüpfen, was wir im ersten Kapitel als die Schritte des Einweihungsweges beschrieben haben. Dort haben wir verschiedene Bewusstseinswelten dargestellt, die auch in den Ausführungen über die Wasserprobe eine Rolle spielen. Schrittweise dargestellt sieht dies so aus:

- Wenn wir uns über bestimmte Dinge, die uns begegnen, ärgern, sind wir uns dessen oft nicht bewusst. Wir »schmollen«, beschweren uns und ärgern uns eine Weile lang. Das Ich lässt sich in der Seele von den Ereignissen mitschleppen.
- Werden sich dessen bewusst, dass Sie sich ärgern, und versuchen Sie, sich darüber hinwegzusetzen, zum Beispiel, indem Sie das Ereignis relativieren. Sie können sich auch fragen,

worüber Sie sich so ärgern, und dann auf den Vorfall zurückblicken, der Ihren Ärger hervorgerufen hat. Das heißt: Das Ich betrachtet seine Seele.

- Jetzt können Sie die Frage stellen: Was genau war es in diesem oder jenem Ereignis, was zu dem Ärger führte? Was erlebte ich als das, was da auf mich zukam? Und was machte es so schlimm für mich? Dann gelangen Sie in das Gebiet der Feuerprobe, und Sie blicken auf die noch unbefreiten Gebiete Ihrer Seele.
- Sie können auch die Frage stellen: Was vermisste ich in dieser Situation? Was fehlte dabei, was für mich von Wichtigkeit ist? Und was erfordert es von mir, wenn ich dieses Fehlende einbringen möchte? Diese Fragen führen uns in das Gebiet der Wasserprobe und wir blicken jetzt in Richtung der inspirierenden Geistwelt.
- Und schließlich können Sie noch auf die Suche gehen nach der Antwort auf die Frage: Welche Wesen sind mit diesem Ereignis verbunden?

So bewegen wir uns, an einer kleinen Situation übend, durch die ganz verschiedenen Gebiete der physischen Welt, der Seelenwelt und des Geistgebietes.

Betrachten wir jetzt einmal die Herausforderungen der Wasserprobe ganz von der praktischen Seite her. Eine Frau erzählte mir einmal folgende Erfahrung: »Ich habe mich mehrmals hintereinander sehr stark über einige Beamte geärgert, die mich sehr formell behandelten und mir deutlich zu erkennen gaben, dass ihnen die Beschwerde, mit der ich zu ihnen kam, lästig war und dass sie es nicht der Mühe wert fanden, sich damit zu beschäftigen. Ich musste unverrichteter Dinge wieder nach Hause gehen.«

Dieses Ereignis können Sie, wie schon zuvor beschrieben, als Grenzerfahrung, als Feuerprobe auffassen und betrachten. Dann können Sie einen Zipfel des Schleiers heben, der den Abgrund verdeckt. Diesen Aspekt wollen wir jetzt jedoch nicht betrachten. Jetzt wollen wir vielmehr jenen Zipfel des Schleiers ein wenig heben, der das Gebiet der *Inspiratoren* verhüllt, und hier kommen ganz andere Fragen in Betracht. Denn: Außer der Tatsache, dass die Frau sich zurückgewiesen fühlte, gibt es da noch einen anderen Faktor. Wir engen die Situation zuerst wieder auf einen konkreten Moment und einen konkreten Ort ein. Jetzt stellen wir die Frage: »Was hat mich so besonders berührt bei diesem Ereignis?«

Es war die unpersönliche Art der Begegnung. »Jener Beamte gebrauchte seine ganze Macht, um mich abzuschmettern. Diese Art von Machtanwendung macht mich wütend!« Es handelt sich also um eine Reaktion aus Verletztheit und Ärger über Machtmissbrauch. Anders ausgedrückt: Sie nehmen mit dem Gefühl des inneren Berührtseins wahr, dass Machtmissbrauch im Spiel ist. Dieses Gefühl wirkt wie ein Sinnesorgan dafür, und wenn Sie dieses Gefühl nicht als solches erkennen, wird es sich gegen Sie selbst kehren und Ihnen Unannehmlichkeiten verschaffen. Wenn Sie, das heißt Ihr Ich, auf Ihr Gefühl hören und sich Fragen darüber stellen, kann sich eine bisher verborgene Welt öffnen.

»Warum berührt dies gerade Sie so stark? Was in Ihnen ist es, dass dies für Sie so schlimm ist?« Diese Frage hängt damit zusammen, dass viele Menschen eine persönliche Vorliebe für Dinge haben, die sie besonders nachhaltig tangieren. Es scheint fast so, als hätte jeder seine persönliche Affinität zu Dingen, durch die er sich treffen – im negativen Sinn: betroffen machen – lässt. Darin verrät sich der Inspirator. Wenn wir nun herausfinden wollen, wie dieses Berührtsein durch den Machtmissbrauch des Beamten mit der geschilderten Person und vor allem mit deren Schaffensimpuls zusammenhängt, müssen wir auf die Suche nach dem Gegenteil des Machtmissbrauchs gehen. Jede Medaille hat zwei Seiten. Je größer die Vorderseite, desto größer ist auch die Rückseite. Die Vorderseite ist in diesem Fall das Berührtsein, die Betroffenheit durch den Machtmissbrauch, und diese Vorderseite ist groß. Doch was ist die Rückseite? Wir suchten gemeinsam nach dem Gegenteil von Macht. Zunächst kamen wir selbstverständlich auf den Begriff Ohnmacht, doch das liefert uns für unsere Fragestellung nichts Brauchbares. Wir mussten zurückkehren zu der Situation, in der der Machtmissbrauch stattfand. Welche Bilder, welche Ideale standen der Betreffenden angesichts des erlebten Machtmissbrauchs in der damaligen Situation vor Augen? Wir fanden Begriffe wie Menschlichkeit und Menschenwürde. Das sind Qualitäten, für die wir uns einsetzen können. Das Ereignis zeigte, dass sich der Machtmissbrauch hier eigentlich, wäre Menschenwürde anwesend gewesen, in nichts aufgelöst hätte.

Ist es nicht eine besondere Mission, im menschlichen Umgang miteinander Würde zu schaffen? Wenn Sie so etwas als Beitrag zur weiteren Entwicklung der Menschheit einbringen wollen, werden Sie Momenten, in denen eine solche Qualität notwendig ist (und fehlt), von selbst öfter begegnen. Das Schicksal wird es für Sie gewiss so arrangieren (oder Sie sorgen selbst dafür), dass Sie genau an die Stellen kommen, die Ihnen die Chancen dafür bieten. Zu diesen Herausforderungen können Sie entweder Ja oder Nein sagen. Sie können denken: »Es muss auch jedes Mal mich treffen«, und sich vom Leben betrogen fühlen. Doch Sie können auch denken: »Hier liegt wieder eine Chance für mich.«

In diesem Beispiel macht es einen Unterschied – nicht nur für die die Frau selbst, sondern auch im weiteren Sinne –, ob die Begegnung mit dem Beamten so ausgeht, dass sie weggeht, ohne sich Gehör verschafft zu haben und sein Machtgefühl also den Sieg davonträgt, oder ob es ihr gelingt, die Situation so zu wenden, dass eine menschenwürdigere Umgebung entsteht, in der die Beteiligten mit gegenseitigem Respekt auseinander gehen.

Was will hier geschaffen werden? Wer ist der Inspirator? Mit aller Vorsicht darf man vielleicht Folgendes vermuten: Vielleicht geht es hier um den Gott der Würde. Er kann sich hier auf der Erde nur einmischen und verwirklichen, wenn er Menschen findet, die gewissermaßen Priester für ihn sein und für ihn auftreten wollen. Sie können auch Vorfälle betrachten, bei welchen Sie im Nachhinein erleben, dass Ihre Handlung Erfolg hatte. Sie können auf Momente zurückblicken, in denen Sie, ohne dass Sie etwas bewusst geschafft oder vorbereitet hatten, etwas getan haben, das Ihnen das Gefühl einer Befriedigung und Dankbarkeit dafür gab, dass alles so abgelaufen ist. In meiner Arbeit habe ich festgestellt, dass dies die Momente sind, in welchen Menschen plötzlich einen neuen Gesichtspunkt finden, von dem aus sie auf ihr Problem blicken und die Auseinandersetzung mit ihm wieder interessant finden können. Sie haben dann wieder Lust, am Leben teilzunehmen und spüren Freiheit und Herausforderung. Was will ich schaffen? Gesichtspunkte finden, von denen aus das Leben wieder spannend wird, durch die das Leben wieder zum Leben statt zum Überleben wird. Das Ich nimmt das Ruder wieder fest in die Hand.

Zusammenfassend können wir über die Wasserprobe sagen: Sie ist eine Herausforderung, die dazu führt, dass wir Erkenntnisse über unsere Inspirationsquellen entwickeln sowie die Standfestigkeit, für diese Quellen kräftig einzutreten.

Dies ist ein langwieriger Prozess, der sich in vielen kleinen Schritten vollzieht. Die Probe zerfällt in vielerlei Einzelmomente, sie alle zusammen bilden die Prüfung. Wir können die Herausforderung dieser Probe annehmen, indem wir versuchen, in der oben beschriebenen Weise die Erkenntnisse über unsere Mission zu vertiefen. Dann wird es darauf ankommen, sie in der Praxis des Lebens zu verwirklichen. Wenn dies zur Gewohnheit geworden ist, ist die Probe bestanden.

Stehen Sie für Ihre Mission ein, so werden Sie in ihr auch Ihrer eigenen Verwundbarkeit begegnen. Genau das ist das Thema der Feuerprobe. Deswegen kommt auf dem Einweihungsweg die Wasserprobe nach der Feuerprobe.

Bereiten Sie sich vor durch eine konzentrierende Vorübung.

1. Suchen Sie einen Moment aus der nahen Vergangenheit, in dem Sie eine spontane Handlung ausgeführt haben.

- Fragen Sie sich jetzt: Was wollte ich durch diese Handlung schaffen? Was war daran wesentlich? Woran haben Sie wahrgenommen, dass diese Handlung erwünscht war? Wie sieht das Bild aus, wenn Sie diese Handlung quasi vergrößern, sodass ihr Resultat in einen größeren Zusammenhang gesetzt wird?
- Versuchen Sie einen Begriff zu finden für das Wesentliche, um das es sich dabei handelte.
- Vertiefen Sie sich in die Realität des Wesens, das schaffend hinter diesem Wesentlichen steht.

2. Sie können auch von einem Moment ausgehen, in dem Sie sich in besonderem Maße peinlich berührt fühlten.

- Fragen Sie sich: Was war in der Situation anwesend, das mich so stark berührte? Oder: Was genau war es, das mich so ärgerte? Beschreiben Sie dies so exakt wie möglich.
- Jetzt können Sie sich fragen: Worin besteht das Gegenteil dessen, was mich so getroffen hat? Welche positive Qualität vermisste ich in dem Geschehen? Versuchen Sie ein Wort dafür zu finden.
- Vertiefen Sie sich in die Realität des Wesens, das schaffend hinter diesem Wesentlichen steht.

3. Sie können auch von einer gelungenen Handlung ausgehen, die Ihnen Befriedigung schenkte.

- Fragen Sie sich: Was war es genau, das mir diese Befriedigung schenkte? Was habe ich wesentlich eingebracht?
- Versuchen Sie hierfür ein Wort zu finden.
- Vertiefen Sie sich in die Realität des Wesens, das schaffend hinter diesem Wesentlichen steht.

Die Wasserprobe hat auch einen sozialen Aspekt: Jeder Mensch hat eine Mission, die er gerne ausleben möchte. Wenn jeder Mensch so stark wie möglich in seiner eigenen Mission stehen kann, wirkt dies sozial gesundend, weil jeder sich in seiner Kraft angesprochen fühlt und eine persönliche Verbindung mit seiner Arbeit, seinem Auftrag sowie mit den Menschen, denen er sich verbunden fühlt, spürt. Ihre Arbeit wird zu einem Geschenk an ihre Umgebung. Die Umgebung empfängt das Geschenk und lässt dem Geber als Dank Gerechtigkeit widerfahren.

Es geht dann nicht mehr um Geben und Nehmen, sondern um Schenken und Empfangen, was moralisch gesehen auf einer höheren Ebene liegt. Das ist dasjenige, was sozial gesundend wirkt.

Abb. 1 Wassily Kandinsky, Alte Stadt 2, 1902
Öl auf Leinwand, 52 x 78,5 cm
Musée Nationale d'Art Moderne, Centre Georges Pompidou, Paris

Abb. 2 Innenraum der Kathedrale von Chartres

Abb. 3 Wassily Kandinsky, Lyrisches (Reiter zu Pferd), 1911
Öl auf Leinwand, 94 x 130 cm
Museum Boymans-van Beuningen, Rotterdam

Abb. 4 Wassily Kandinsky, Bild mit schwarzem Bogen, 1912
Öl auf Leinwand, 189 x 198 cm
Musée Nationale d'Art Moderne, Centre Georges Pompidou, Paris

Abb. 5 Wassily Kandinsky, Gelb, rot und blau, 1925
Öl auf Leinwand, 128 x 201,5 cm
Musée Nationale d'Art Moderne, Centre Georges Pompidou, Paris

Abb. 6 Rembrandt van Rijn, Der Evangelist Matthäus mit dem Engel, 1661
Öl auf Leinwand, 81 x 96 cm
Musée du Louvre, Paris

Abb. 7 Die innere Welt der Feuerprobe
Matthias Grünewald, Die Versuchung des heiligen Antonius (Ausschnitt)
Isenheimer Altar, 1512 - 1516. Öl auf Holz, Museum Unterlinden, Colmar

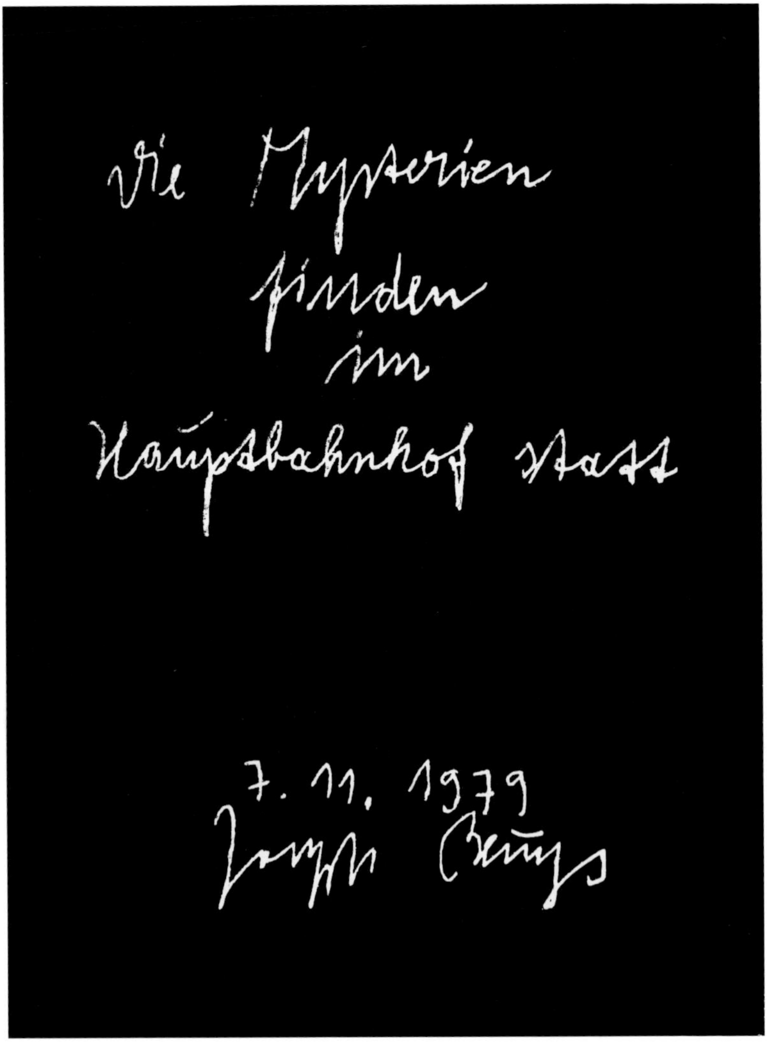

Abb. 8 Das tägliche Leben als Einweihungsweg (nach Joseph Beuys)
Joseph Beuys, Die Mysterien finden im Hauptbahnhof statt, 1979

DER ZWEITE SCHLEIER

15 Die Rosenkreuzmeditation

Einige Gebiete der Seele und der Seelenwelt hat das Ich jetzt betreten. Es hat sie mit vollem Bewusstsein erforscht und sich mehr und mehr angeeignet. Die Vermutung ist stärker geworden, dass sich hinter diesen neuen Gebieten noch ganz andere Welten befinden, die von einer höheren Ebene aus auf die Seele einwirken. Im Ich kann die Sehnsucht aufkommen, auch diese Welten kennen zu lernen und zu betreten. Es kann der Impuls aufkommen, aus einem Bewusstsein, das auch diese Welten einbezieht, unsere täglichen Handlungen zu verrichten, wodurch unseren Taten eine ganz andere Dimension und ein erweiterter Sinn hinzugefügt wird.

Bei den vorangehenden Schritten haben wir Erfahrungen machen können, die auf diese verborgenen Welten hinweisen. Bei der Erfahrung der Gnade konnten wir den Gnadenbringer vergegenwärtigen, bei der Wasserprobe waren es die Wesen, die uns zu spontanen schöpferischen Handlungen inspirieren. Wer sind diese Wesen? Was sind ihre Absichten mit uns und unseren Handlungen bzw. mit dem weiteren Verlauf der Erdenentwicklung? Dies sind Fragen, die wir uns nur schwer vorstellen können. Wir können uns darüber Gedanken machen oder mit anderen ein theoretisches Gespräch darüber führen, doch die Fähigkeit, sich wirklich in das Bewusstsein und die Erfahrungswelt solcher Wesen einzuleben, erfordert noch einen weiteren großen Schritt. Wir betreten dann schließlich die Welt der Wesen, von denen die Schöpfung ursprünglich eingeleitet wurde und ausgegangen ist. Sie haben ihre Kräfte eingesetzt, um die Welt und den Menschen zu schaffen, und sie haben dies mit einem bestimmten Ziel getan. In der Vergangenheit waren sie daran beteiligt, dass die Entwicklung der Menschheit so verlaufen ist, wie sie es tat. Sie bewirkten dies, indem sie Menschen zu ihren Taten inspirierten; außerdem inspirierten sie die Weltkulturen zu neuen Bewusstseinsformen, sodass neue Entwicklungen möglich wurden. Ein Beispiel einer solchen kulturellen Inspiration ist die Entwicklung in der Renaissance. Bei vielen Menschen in Italien erwachte das Interesse, mehr darüber zu wissen, wie die sichtbare Welt, vor allem aber der menschliche Körper eigentlich funktionierte. Man nahm nicht länger vorlieb mit dem, was die Kirche lehrte, man wollte es selbst sehen und vor allem verstehen. Dies führte in relativ kurzer Zeit zu eingreifenden kulturellen Veränderungsprozessen. Woher kam dieser Impuls? Ging er spontan aus Menschen hervor? Oder lag ihm eine Inspiration aus höheren Welten zugrunde? Und wenn ja, auf welche Weise wirkt die geistige Welt solchermaßen inspirierend?

Um diese geistige Welt in einer gesunden Weise betreten zu können, müssen einige Bedingungen berücksichtigt werden. Eine dieser Bedingungen besteht darin, dass wir uns eine Haltung von Ehrfurcht und Respekt aneignen müssen. Wir machen uns auf, ein Gebiet zu betreten, in dem Wesen wohnen, die viel größer und mächtiger sind als wir. Ihr Bewusstsein reicht viel weiter, und sie überschauen viel größere Zeitspannen, als wir es uns überhaupt vorstellen können. Sie wissen alles über die Vergangenheit der Erde, über uns und auch über unsere Ziele in der Zukunft. Um das zu erfassen, werden wir im Laufe des Einweihungsweges ein Bewusstsein entwickeln müssen, das diese Größe begreifen kann. Zunächst ist unser Bewusstsein dafür jedoch zu klein. Das hängt unter anderem mit der Tatsache zusammen, dass unser Bewusstsein sich sehr stark in der Form der »kleinen Seele« entwickelt hat und im Begreifen all dessen, was mit der stofflichen Welt zusammenhängt. Diese Orientierung auf das Irdische hat unser Bewusstsein weniger dafür geeignet gemacht, die geistige Welt in einer voll würdigen Weise zu betreten. So ist es also eine Vorbedingung, dass wir bei den nächsten Schritten Bescheidenheit empfinden. Lassen Sie mich zur Verdeutlichung einen Vergleich bringen: Ein junges Kind kann das Gefühl haben, dass es schon sehr viel von der Welt weiß, wenn es in die Schule kommt und dort neue Dinge lernt. Weil es noch so jung ist, realisiert es nicht, was alles im Verborgenen von den Erwachsenen getan wird. Es sieht nicht, welche gesellschaftlichen Prozesse und Organisationsleistungen notwendig sind, um beispielsweise Brot und Brotaufstrich auf den Tisch zu bekommen. Es sieht auch nicht, welche Naturkräfte notwendig gewesen sind, damit dieses Brot und die Scheibe Käse darauf überhaupt existieren. Ähnliches gilt für uns Erwachsene. Wir realisieren nicht die Größe und Subtilität der Schöpfung, sehen nicht, dass die Schöpfungstaten auch im normalen Alltagsgeschehen weiterhin stattfinden. Ehrfurcht und Respekt für die Wesen, die dies alles möglich machen, sind die angemessene Haltung, wenn wir ihr Gebiet betreten möchten.

Etwas von dieser Haltung haben wir bereits üben können, als wir uns mit der Verarbeitung schöner Erfahrungen beschäftigt haben sowie beim Üben der Haltung von Ehrfurcht und Respekt bei der Übung des Abstandnehmens. Darauf können wir bei dem jetzt notwendigen nächsten Schritt zurückgreifen.

Die uns zur Verfügung stehenden Instrumente versagen, wenn es darum geht, die Welt der geistigen Wesen wahrzunehmen. Die geistige Welt hat keine stoffliche Erscheinungsform, und deswegen sind die normalen Sinne, mit denen wir uns auf der Erde orientieren können, nicht ausreichend. Wir haben Sinnesorgane, um die uns umgebende sinnliche Welt wahrnehmen zu können. Daneben haben wir Gefühle, die wir zu Sinnesorganen umbilden können, mit denen wir dann die Seelenkräfte wahrnehmen können, wie es bei der Beschreibung der verschiedenen Proben ausführlich dargestellt wurde. Sinnesorgane für die geistige Welt haben wir jedoch noch nicht. Sie müssen erst erweckt werden.

In der Evolution sehen wir, wie sich die Entwicklung neuer Sinnesorgane vollzieht. Immer wenn in der Evolution ein Sinnesorgan entsteht, öffnet dieses für eine bestimmte Tiergattung neue Bereiche der Welt. Einfache Tiere haben noch wenig Sinnesorgane. Zuerst entwickelt sich der Tastsinn, der die Welt der Formen eröffnet. Allmählich entwickeln sich auf dem Weg zu den höheren Tieren Geruchssinn und Geschmackssinn. Das Gehör wird entwickelt, womit sich dem Tier die Welt der Klänge öffnet. Das Auge bildet sich heraus, womit es bereit ist für die Welt des Lichtes. Die Entwicklung der Seelenorgane führt also dazu, dass wir uns der Seelenwelt bewusst werden. Wenn es uns gelungen ist, unsere Gefühle und Emotionen zu einem Sinnesorgan umzubilden, erlangen wir ein freieres Verhältnis zu der Wirkung der Seelenkräfte. Wir können dann beim Umgang mit uns selbst und mit anderen Menschen in einer freieren Weise über sie verfügen. Das Entwickeln dieser Seelenorgane bedeutet eine große Herausforderung innerhalb unserer Zeit und unserer Kultur.

Ein weiterer Schritt ist das Erwecken der Organe für Geistiges. Diese Organe sollen dazu dienen, dass wir uns selbst in der Geistwelt wahrnehmen können. Denn können wir uns dort besser orientieren, so wächst auch die Möglichkeit, aus einem geistigeren Bewusstsein heraus im täglichen Leben zu stehen. So wie das Licht nicht entsteht, weil wir Augen haben, um zu sehen, so entsteht auch die Geistwelt nicht dadurch, dass wir sie in unserem Inneren schaffen. Diese Welt existiert auch ohne uns, doch jetzt soll sie für uns sichtbar, wahrnehmbar werden.

Wie erwecken wir nun die Sinnesorgane für das Geistige? Solche Sinnesorgane müssen Geistiges wahrnehmen, so wie die körperlichen Sinnesorgane die stoffliche Welt wahrnehmen sollen. Geistige Organe haben deswegen keine stoffliche Form. Der Weg zur Bildung dieser Organe ist der Weg der Meditation. Meditation in dem Sinne, wie sie hier beschrieben wird, ist ein Üben, das zum Ziel hat, Organe für das Wahrnehmen des Geistigen zu entwickeln. Diese Organe sind im Keim schon existent, doch weil sie nur wenig angesprochen werden, funktionieren sie nicht oder nur unbewusst. Sie werden gewissermaßen durch die Wirkung der anderen Sinnesorgane »übertönt«.

Wie sieht nun eine Meditation im oben geschilderten Sinne aus?

Die hier beschriebene Form der Meditation knüpft an das Bewusstsein des Menschen der heutigen Zeit an. Dieses ist ein Bewusstsein, in dem Wahrnehmen und Denken eine große Rolle spielen. Danach wird es allmählich vertieft und erweitert, denn die Organe für das Geistige werden gebildet, indem die Kräfte von Denken, Vorstellen und Empathie verstärkt und miteinander verbunden werden. Weil diese Sinnesorgane nicht für die stoffliche, sinnenfällige Welt, sondern für höhere Welten gebraucht werden, wird für die Meditation ein Inhalt zum Ausgangspunkt gewählt, der keine direkte Bedeutung in der Sinneswelt hat. So eignen sich symbolische Vorstellungen besonders gut dafür. Ein Symbol bedeutet ein »Erkennungszeichen«. In diesem Fall ist das Symbol ein Erkennungszeichen für eine dahinter liegende geistige Wirklichkeit. Wir können deswegen auch von einem Sinn-Bild sprechen. In der Tradition der Anthroposophie und des Rosenkreuzertums wählen wir deswegen hier einmal das Symbol des Rosenkreuzes: ein schwarzes Kreuz mit einem Kreis von sieben roten Rosen um den Mittelpunkt herum. Es steht als Symbol für die Seele, die durch das Leben selbst oder das Gehen des Einweihungswegs gereinigt ist.

Wir wollen jetzt Schritt für Schritt zuerst den Aufbau eines solchen Meditationsbilds besprechen. Wenn wir nur eine Abbildung des Rosenkreuzes betrachten, bleibt sie ein Bild und spricht nicht. Der »Erzeuger« des Symbols hat einen intensiven meditativen Weg durchlaufen, um schließlich zu diesem Bild zu gelangen. Er wird die Wirklichkeit, für die das Symbol steht, so gut kennen, dass er in der Lage ist, sie in ein einziges Bild zu gießen. Diesen Weg wiederholen wir in der Meditation.

Wir beginnen die Meditation mit dem Aufbau einer Vorstellung: Stellen Sie sich eine Pflanze vor. Stellen Sie sich vor, wie sie wächst. Ihre Wurzeln dringen in die Erde ein auf der Suche nach

Wasser, ihre Blätter wachsen in die Luft hinein, wo sie Kohlendioxid aus der Luft und Sonnenlicht aus dem Kosmos aufnehmen. Sie entfaltet sich weiter, bekommt Blüten, Früchte und Samen. Es herrscht ein kontinuierlicher Säftestrom in ihr, der alle Teile ernährt, die dies benötigen, um ihr Leben und ihr Wachstum instand zu halten.

Jetzt stellen Sie sich daneben einen Menschen vor. Betrachten Sie, wie er sich frei durch die Welt bewegen kann. Er hat seine Interessen, er kann denken und lieben, er kann selbstlos handeln. Er hat die Fähigkeit zu Freiheit und Moralität. Im Vergleich zur Pflanze ist der Mensch viel weiter entwickelt; durch sein Innenleben und sein Bewusstsein hat er viel mehr Möglichkeiten als sie.

Aber der Mensch bezahlt auch einen hohen Preis für diese Möglichkeiten, die er der Pflanze voraus hat, doch nicht voll und fruchtbar zu integrieren vermag. Er ist zwar weiter entwickelt, doch er ist auch seinen Trieben und Begierden, seinem Egoismus und seiner Lust ausgeliefert. Neben seinem großen geistigen Potenzial kennt er auch ebenso große seelische Versuchungen. So etwas gibt es bei der Pflanze nicht. Sie ist in Harmonie mit sich selbst und ihrer Umgebung, und das gilt für den Menschen seit dem Sündenfall nicht mehr.

Stellen Sie sich jetzt den grünen Saft der Pflanze vor als Symbol ihrer Unschuld und ihrer harmonischen Verbindung mit ihrer ganzen Umgebung.

Und stellen Sie sich das rote Blut des Menschen vor als Sinnbild für seine Triebe und Begierden.

Wenn Sie diese Qualitäten bedacht haben, erwecken Sie sie auch in Ihrem Gefühl zum Leben. Sie erleben das Gefühl der Harmonie der Pflanze mit ihrer Umgebung. Sie erleben auch das Blut, beladen mit Leidenschaften. Sie erleben dann die Wirklichkeit der Seele, Ihrer Seele, in Zusammenhang mit dem menschlichen Drama des Sündenfalls. Sie erleben den großen Unterschied zur Seinsweise der Pflanzen.

Als Nächstes machen Sie sich klar, dass der Mensch die Möglichkeit hat, sich zu entwickeln. Er hat die Möglichkeit, sein Blut gewissermaßen von Lust und Begierden zu reinigen. Diese werden nicht zur Seite gedrängt oder gar verdrängt, sondern sie können überwunden werden. Damit kommen sie zur Ruhe und erhalten einen anderen Ort, eine andere Stellung in der Seele. Nun nimmt das Blut eine reine rote Farbe an.

Stellen Sie sich jetzt die Rose vor. In der Rose ist der grüne Saft rot geworden. Sie können dies als Sinnbild für das gereinigte Blut des Menschen sehen, welches damit zum Träger von Liebe geworden ist. Es steht für die gereinigte Seele des Menschen.

Alle Schritte im Aufbau dieses Sinnbilds gehen mit Gefühlen einher. Immer geht es um die großen Gesten in der Entwicklung des Menschen. Diese sind mit entsprechend tiefen Gefühlen verbunden. Für die Unschuld und Selbstlosigkeit der Pflanze können Sie tiefen Respekt empfinden. Die Leidenschaften, die wir Menschen empfinden, führen zu großen Dramen, an denen wir Schmerz und Kampf erleben können, während uns die Fähigkeit zur Liebe und zur Moralität zutiefst berühren kann. All diese Gefühle sollten bei der meditativen Betrachtung des Sinnbildes in uns anwesend sein und vertieft werden.

Was in diesem Sinnbild
Zu mir spricht
Der Welten hoher Geist
Erfülle meine Seele
Zu aller Zeit
In allen Lebenslagen
Mit Licht Liebe Leben

Rudolf Steiner

Jetzt gehen wir über zur sinnlichen Vorstellung. Stellen Sie sich jetzt ein schwarzes Kreuz vor. Dieses Kreuz steht für die zur Ruhe gebrachten Triebe und Begierden. Sie gerinnen gewissermaßen in dem schwarzen Kreuz zu Narben. Um den Mittelpunkt des Kreuzes herum stellen Sie sich sieben rote Rosen vor. Sie sind das Sinnbild des geläuterten Blutes, der geläuterten Seele.

Dieses Bild des schwarzen Kreuzes mit den roten Rosen lassen Sie in Ihrer Seele »stehen«. Alles andere lassen Sie undeutlich werden und schließen Sie aus. Geben Sie sich meditativ diesem Bild hin. Das bedeutet: Jede andere Vorstellung sollte zurückgehalten werden. Sie begeben sich sozusagen in das Bild hinein, Sie identifizieren sich damit. Versuchen Sie einige Minuten in diesem Zustand zu verweilen.

Wenn sie sich so ein Bild wie das des Rosenkreuzes vor das geistige Auge stellen, ohne dass Sie die geschilderte Vorbereitung durchführen, bleibt es nicht viel mehr als ein Kreuz mit Rosen, an dem wir ohne Aufmerksamkeit vorbeigehen. Gerade durch die besondere Vorbereitung fügen wir diesem Sinnbild eine innere Kraft hinzu, die es zum Leben erweckt.

Auf dem Weg, den wir bei dieser Übung zurücklegten, haben wir zweierlei getan:

- Wir waren aktiv tätig im Aufbauen eines Bildes. Dabei haben wir die Kräfte des Denkens, der Erinnerung, der Vorstellung und des Einlebens verwendet. Im Denken sind häufig eher abstrakte Gedanken aktiv. Indem wir diese in der Zeit in Bewegung bringen, werden sie zu Vorstellungen. Sie bringen sozusagen Leben hinein. All dies ist nur eine Vorbereitung der Meditation.
- Im zweiten Schritt haben Sie sich dieses Bild geistig vor das Auge gestellt und sich unter Ausschluss aller anderen Elemente darauf konzentriert. Hier beginnt die eigentliche Meditation. Sie konzentrieren sich auf eine andere Welt als die stofflich-sinnliche.

Was dabei entstanden ist, ist »ein transparentes Bild«. Wenn es Ihnen gelingt, dieses Bild wirklich zum Leben zu bringen, nennt man das eine Imagination. Ein solches Bild ist nicht im Raum geronnen, wie es der Fall ist, wenn wir ein echtes Gemälde, ein Kreuz oder eine Rose herstellen. Es ist auch nicht in der Zeit geronnen, denn in diesem Bild sind Vergangenheit, Gegenwart und Zukunft gleichzeitig anwesend. In der Natur sind Vergangenheit, Gegenwart und Zukunft zeitlich gewissermaßen zerlegt – in einer Imagination wird diese Spaltung überwunden. Genau dadurch wird das Bild transparent. In dem Bild ist eine andere Wirklichkeit anwesend, nämlich die der gereinigten Seele. Durch den Aufbau des Bildes haben Sie aus eigener Kraft diese Elemente hinzugefügt.

Das Rosenkreuz ist ein Sinnbild für die gereinigte Seele. Es gibt auch noch weitere Symbole, die dasselbe ausdrücken. So sah ich einmal eine alte Darstellung Christi am Kreuz. Bis zum 11. Jahrhundert wurde Christus am Kreuz vornehmlich als eine wache, bewusste Figur dargestellt, die in aufrechter Haltung am Kreuz hing. Er litt nicht, sondern strahlte Würde aus. Es war darin besonders deutlich sichtbar, dass er als Todüberwinder dort hing. Erst später ging man dazu über, Christus auch leidend abzubilden. In dieser Darstellungsform wurde der menschliche Aspekt stärker betont als der göttliche. In den alten Darstellungen ist auf diese Weise noch das Symbol des Rosenkreuzes vorhanden, im Bild des leidenden Christus nicht mehr. So gibt es verschiedene Symbole für die selbe geistige Wirklichkeit.

Eine Imagination ist – das liegt in ihrem Wesen – nicht definierbar, umso stärker aber erlebbar. Sie ist größer, bedeutender als die tägliche Wirklichkeit und eröffnet neue Welten.

Beim Aufbau des Sinnbilds werden Sie bemerken, dass frühere Übungen wieder enthalten sind. In den bereits beschriebenen Übungen wurden Fähigkeiten verstärkt, die erst später verwendet werden. So bemerken wir jetzt den Nutzen der Denkübung beim ersten Schritt des Aufbaus. Die Übung des Gleichmuts verstärkt die Gefühle – und diese brauchen wir, um uns in das Bild einzuleben.

Die Fähigkeit, den Aufbau des Bildes bewusst zu steuern, erfordert eine bewusste innere Aktivität. Es gibt so viele Anlässe abzuschweifen. Immer wieder müssen wir uns zwingen, bei der Sache zu bleiben. Diese Fähigkeit, uns sozusagen über die eigene Schulter dabei zuzusehen, was wir tun, haben wir bei der Übung des Rückblicks entwickelt. Und wir können durch die Beschäftigung mit den »kleinen Feuerproben« ein besseres Gefühl für die Dramatik des Menschen entwickeln, der durch seine Triebe unfrei gemacht wird. Im Bilde gesprochen: Das ist das trübe Rot des Blutes. Wenn das schwarze Kreuz entsteht, ist die Feuerprobe durchgestanden.

Diese Form der Meditation unterscheidet sich von anderen. Ihr Ziel ist, Organe für die Wahrnehmung der geistigen Welt zu erwecken. Sie wirkt nicht als Entspannungsübung und hat auch nicht das Ziel, die Gesundheit zu fördern. Sie hat ein rein geistiges Ziel. Es geht hier auch nicht darum, uns innerlich leer zu machen, sodass sich die geistige Welt in uns aussprechen kann, sondern darum, ihren Wesen entgegenzugehen, um ihnen schließlich auf ihrem Gebiet zu begegnen.

Für das Aufbauen der Sinnesorgane für das Geistige benutzen wir unsere Denk- und Gefühlskräfte als Material. Wie können wir uns dies vorstellen? Betrachten wir zunächst einmal, wie normalerweise Gedanken und Gefühle im täglichen Leben funktionieren. Wenn Sie sich nicht konzentriert mit irgendetwas beschäftigen, flattern die Gedanken gewissermaßen durch Ihren Kopf. Ihre Abfolge zeigt wenig Struktur, weil wir sie frei assoziativ schweifen lassen. Sie bilden kein Gewebe, kein Gebäude. Dasselbe gilt auch für unsere Gefühle, solange sie, wie dies meistens der Fall ist, im täglichen Leben spontan auf das reagieren, was auf uns zukommt: Ärger, Gelassenheit, Frohsinn und Schreck können einander unvermittelt abwechseln. Dies ändert sich, wenn wir uns auf etwas konzentrieren: Jetzt kommen Richtung und Zusammenhang in unsere Gedanken. Unser Denken bekommt immer mehr den Charakter eines Bauwerks, eines Gebäudes. Unsere Gefühle bieten das Bild eines ruhigen Hin- und Herströmens von Farben, die sich vermischen und wieder in den Hintergrund treten. Dies alles ist eng mit unserem Körper verbunden, und es bildet sich ab im Rhythmus des Herzens und der Atmung sowie in der Spannung zum Beispiel unserer Muskeln und des Verdauungstrakts.

Wenn wir in der beschriebenen Weise Sinnbilder aufbauen, so bringen wir die Kräfte des Denkens in eine neue Ordnung. Ausgehend vom Staunen suchen sie eine Totalität und sind dabei für neue Eindrücke geöffnet, die sich ihnen eingliedern können. Es entsteht ein zartes Bauwerk von Denkkräften, die durch die Kräfte des Vorstellens in Bewegung gehalten werden. Dieses Ganze strömt zusammen mit den Wirkungen, die aus dem Gefühl kommen. So fügen sich die Kräfte von Denken, Vorstellen und Fühlen durch unseren eigenen Willen zu einer neuen Bewegung zusammen. So wie die körperlichen Organe durch Wirkungen aus der physischen Welt in Bewegung gebracht werden und infolgedessen Gedanken und Gefühle hervorgerufen werden können, so sind diese geistigen Organe in der Lage, innerlich auf Wirkungen höherer Ordnung zu reagieren – solche, die aus einem geistigen Gebiet stammen.

Das Aufbauen eines Sinnbilds und die meditative Hingabe daran mit dem Ziel, eine Imagination entstehen zu lassen, sind der erste Schritt auf dem eigentlichen meditativen Weg. Wir haben beschrieben, wie wir selbst aktiv daran arbeiten können, Imaginationen zu bilden. Dies tun wir jedoch nicht allein! Wir versuchen in eine bildende Wirklichkeit einzudringen, die auch objektiv existent ist. Die geistige Welt wirkt an unseren Aktivitäten (sozusagen aus dem Hintergrund) mit. Dies merken wir daran, dass bestimmte Aspekte des Bildes, das wir aufbauen, sich im Verlauf der Meditationen verändern, und daran, dass sich neue einstellen, die uns überraschen können. Andere Dinge, an denen wir sehr aktiv gearbeitet haben, können verblassen und an Bedeutung verlieren. Darum ist es wichtig, dass der Gegenstand oder das Thema einer Meditation über einen längeren Zeitraum beibehalten wird. Dann erst kann das Bild durch den wiederholten Aufbau in Bewegung kommen.

Die Schritte der Meditation, die bis jetzt beschrieben wurden, können wir über längere Zeit üben. Wir benötigen oft viele Jahre dafür, diese Fähigkeiten der Imagination zur Reife zu bringen. Wenn diese einigermaßen entwickelt sind, können wir darauf aufbauen und einen nächsten Schritt unternehmen. Bei diesem geht es darum, die geistigen Organe für die Wahrnehmung der geistigen Welt zu benutzen. Die geistige Welt selbst besteht nicht aus Bildern, sondern aus Kräften und Wirkungen. Wir benötigen zwar ein Bild, um uns einen Begriff von ihr zu machen, doch dieses Bild bleibt immer eine subjektive Abbildung der geistigen Wahrheit. Jetzt üben wir uns darin, das Sinnbild, das wir in der Meditation in all seiner Fülle in den Mittelpunkt unserer Aufmerksamkeit gerückt haben, mit aller Kraft wieder zur Seite zu schieben. Dann entsteht in der Seele eine Leere. Diese Leere ist jedoch aufgrund unserer Vorbereitung eine »erfüllte Leere«. Durch den Aufbau des Sinnbildes haben wir uns in die Richtung eines bestimmten Gebietes der geistigen Welt bewegt. Das Sinnbild ist ein Symbol, es steht für etwas. Wenn Sie dieses meditativ bearbeitete Sinnbild wegschieben, entsteht eine Leere, die keine echte Leere ist, sondern ein geistiger Raum, den Sie im Lauf der Zeit mit dem neu gebildeten Organ wahrnehmen können. Zunächst wird gar nichts geschehen, später kann sich jedoch diese Wirklichkeit allmählich zu erkennen geben.

Bisher verborgene Welten können sich jetzt aussprechen. Sie geben sich nicht mehr in der Form von Bildern zu erkennen, sondern sie lassen sich besser fassen in Begriffen wie »Klang« oder »Musik«. Durch das Aufbauen des Bildes laden Sie diese Welt ein, sich »zu engagieren«. Indem Sie das Bild entfernen, öffnen Sie sich für die Welt der Klänge. Allerdings handelt es sich dabei nicht um Klänge wie in der stofflichen Welt – es sind geistige Klänge. Nach dem Entfernen des Bildes konzentrieren Sie sich auf die Kräfte, mit denen Sie dieses Bild aufgebaut haben.

Manche Komponisten sprechen von dieser geistigen Klangwelt, wenn sie den Prozess ihres Komponierens beschreiben. Einer erzählte mir einmal, dass er in einem bestimmten Moment wunderbare Musik hörte, auf einer ganz anderen Ebene und von einer ganz anderen Qualität, als er sie jemals gehört hatte. Er wusste, dass er sie aufschreiben musste, doch er brauchte Jahre, um sich diese Klänge auch nur annähernd verfügbar zu machen. Sie ließen sich einfach nicht durch Noten einfangen!

Der hier beschriebene Prozess wird Inspiration genannt; das Bewusstsein, das hierfür notwendig ist, bezeichnet man als inspiratives Bewusstsein. So wie sich die Imaginationen im bildhaften Denken offenbaren, offenbaren sich die Inspirationen im Fühlen. Sie betreten den Schauplatz unserer Seele über das Fühlen, und von dort aus können sie ihren Einfluss sowohl auf das Denken als auch auf unser Handeln ausüben. Der Prozess ist mit dem verwandt, was wir im Zusammenhang mit der Wasserprobe dargestellt haben, nur mit dem Unterschied, dass die Inspiration im Seelengebiet wirksam ist und wir jetzt durch die Seelenwirkung hindurch in der Geistwelt angekommen sind.

Wir haben jetzt drei verschiedene Wirklichkeiten: die stoffliche Welt, die Welt der Bilder (Imagination) und die der Weltenmusik (Inspiration). Hinter der Letzteren liegt eine noch tiefere Realität verborgen. Wieder wird der Inhalt der Seele entleert, die Klangwelt wird entfernt. Jetzt konzentrieren Sie sich auf denjenigen, der das Bild aufgebaut hat, nicht auf die Kräfte, die das Bild erzeugt haben. Eine neue Realität kann sich melden. Sie wird die Realität des »schaffenden Wortes« genannt. Von ihm spricht der Anfang des Johannes-Evangeliums: »Im Urbeginne war das Wort, und das Wort war bei Gott, und das Wort war Gott. Dieses war im Urbeginne bei Gott. Alle Dinge sind durch das Wort geworden, und ohne es ist kein Ding geworden, das geworden ist.« Das schaffende Wort ist die Kraft, aus der die Schöpfung hervorgeht. Es gibt noch keine Form, keine Materie, noch nicht einmal eine Vorstellung. Es gibt nur einen gestalteten und erfüllten Impuls aus Wärme und Liebe, der die Potenz in sich trägt, sich zu Klang zu verdichten, in einem späteren Stadium dann zum Bild und schließlich zum Stoff. Hierin liegt das ganze Weltall.

Dies ist der letzte Schritt der Meditation. Die hier entwickelte Fähigkeit bezeichnet man als Intuition. Sie üben jetzt die intuitive Fähigkeit und das Bewusstwerden konkreter Intuitionen. Diese wirken in ihrem Willen. Sie impulsieren Sie zu Handlungen, ohne dass Sie zunächst den Grund und das Ziel Ihres Handelns kennen. Das Ziel der Handlungen, die Sie aus Intuition verrichten, wird manchmal erst (viel) später in der stofflichen Welt sichtbar. Fragen Sie sich einmal, welche Handlungen Sie verrichten mussten, um einer Person zu begegnen, die in Ihrem Leben wichtig war. Sie erkennen rückblickend einen langen Weg, der darauf zu führte, doch Sie konnten, als Sie ihn gingen, noch nicht wissen, dass er zu der betreffenden Person führen würde. Sie kannten sie ja noch gar nicht und konnten auch nicht vermuten, welchen Einfluss sie auf Ihr Leben haben würde. Das ist eine Wirkung aus der geistigen Welt auf Ihr Handeln, und diese nennen wir Intuition. Dieser Wirkung können Sie sich durch das Üben Ihrer intuitiven Fähigkeiten allmählich bewusst werden.

Die Schritte der Entwicklung von Inspiration und Intuition sind hier der Vollständigkeit halber kurz angedeutet worden. Es sind Schritte, die Einiges an Übung verlangen, geeignet für Menschen mit einer gewissen Erfahrung im Meditieren. Normalerweise erreichen wir die erforderliche Reife für diese Schritte nicht sehr rasch. Die eingangs geschilderte Meditation hat zwei unterschiedliche Aspekte. Zunächst haben wir den Aufbau eines Sinnbilds besprochen, bei dem der gewählte Inhalt von geringer Bedeutung ist. Gerade durch die Abwechslung des Inhalts verstärkt sich die Kraft, die wir aufbringen müssen. Trotzdem ist es gut, möglichst lange bei einem Thema oder Gegenstand zu bleiben. Das Bild muss ausreichende Lebendigkeit haben, damit wir uns meditativ in es vertiefen können. Wir intensivieren das Bild, indem wir es immer wieder aufs Neue aufbauen. Es kann ein Moment kommen, in dem wir so viel Erfahrung im raschen Aufbauen eines Bildes haben, dass es sinnvoll ist, einen neuen Inhalt zu wählen und den Aufbau des Bildes dann aufs Neue zu üben.

Woran können wir die Wirkung einer Meditation beurteilen? Das Naheliegendste ist, dies an der Lebendigkeit der Bilder, die wir erzeugen, festzumachen. Doch das wäre unvollständig. Die Lebendigkeit der Imaginationen wird, wie geschildert, zum Teil durch unsere eigene Aktivität, zum anderen Teil aber auch durch die Antwort der geistigen Welt bestimmt, die dabei ihren eigenen Gesetzen folgt. Manchmal erfolgt eine solche Antwort schnell und lebensvoll, manchmal dauert es sehr lange. Letzteres braucht nicht zu bedeuten, dass Sie etwas falsch machen, oder dass Sie für Ihre Anstrengungen nicht belohnt werden. Die geistige Welt hat mit dem einen Menschen etwas anderes vor als mit dem anderen. Es kann sein, dass Sie durch das Warten dazu gedrängt werden, Ihre inneren Kräfte in hohem Maße zu verstärken, bevor Sie zu Resultaten kommen. Durch diese Verstärkung der inneren Kräfte können Sie bei einem nächsten Schritt der geistigen Forschung viel mehr erreichen.

Doch zurück zum normalen, alltäglichen Leben.

Die Fähigkeit, Bilder aufzubauen, können Sie auch im täglichen Leben anwenden. Beim Aufbau solcher Bilder engagieren Sie sich mit Ihrem Denken, Ihrem Vorstellungsvermögen und Ihren Gefühlen. Dies erfordert, dass wir uns mit etwas verbinden wollen, doch das tun wir oft nicht. Schließlich geschieht um uns herum immer so viel, dass wir uns allein aus Gründen des Selbstschutzes davon zurückziehen. Verbinden wir uns mit etwas, so hat das seine emotionalen Konsequenzen, denn dann steht das Geschehen nicht mehr außerhalb von uns, sondern wir werden ein Teil von ihm.

Ein Beispiel: Wir lasen in letzter Zeit in der Zeitung, dass es rund eine Million Flüchtlinge aus Afghanistan gibt. Diese Tatsache betrachten wir jetzt einmal mit den Fähigkeiten des Bildaufbaus, wie wir sie in der Meditation geübt haben. Die Tatsache der einen Million Flüchtlinge ist ein Gedanke. Dieser ist abstrakt und steht außerhalb von uns. Wenn ich mir eine konkrete Vorstellung bilden will, versuche ich mir klar zu machen, wie viele Menschen dies sind. Die gesamte Bevölkerung einer Kleinstadt besteht vielleicht aus sechzigtausend Menschen, eine Million sind also rund sechzehnmal so viele. Das ist auch etwas mehr zum Beispiel als die Bevölkerung von Amsterdam. Unvorstellbar, so viele Menschen!

Eine weitere Vorstellung: Alle diese Menschen in Zeltlagern an der Grenze. Es ist warm, ja heiß, wenig sanitäre Einrichtungen und vor allem: keine Zukunftsaussichten. Ein zielloses Dasein ohne zu wissen, wie lang dieser Zustand dauern wird, ein Tag nach dem anderen gleitet vorüber. Wollen Sie sich eine wirklich reale Vorstellung bilden, dann brauchen Sie selbstverständlich weitere Tatsachen. Sie können sich diese Tatsachen zusammensuchen.

Bei einem nächsten Schritt geht es darum, dass Sie versuchen, sich einzuleben: Sie sind einer von diesen Menschen. Sie leben dort den ganzen Tag. Wie ist die Stimmung, die das Bild in Ihnen hervorruft? Können Sie sich vorstellen, was die Folgen sind, sowohl für Sie als auch für die Gruppe von Menschen, die so leben muss?

Wenn Sie sich auf diese Weise Bilder aufbauen, kommt eine Tatsache wie dieses Flüchtlingsschicksal näher an Sie heran, Sie können eher an deren Schicksal teilnehmen. Wenn Sie diese Fähigkeit auf tägliche Fragestellungen anwenden, gelangen Sie zu einem ganz anderen Engagement und damit auch zu anderen Lösungen.

In diesem Kapitel sind wir von dem Sinnbild des Rosenkreuzes ausgegangen. Es lassen sich für die Meditation natürlich auch andere Sinnbilder verwenden. Wir werden in den Kapiteln über die Meditation über Sprüche und geisteswissenschaftliche Forschung näher darauf eingehen.

16 Chartres

Die Erfahrungen, die wir auf dem Schulungsweg machen können, möchte ich mit einer Erfahrung vergleichen, die ich einmal während eines Aufenthaltes in Chartres hatte. Ich erlebte an dem Ort, an dem die Kathedrale stand, in der Stadt und im Bau der Kathedrale selbst vergleichbare Gesetzmäßigkeiten wie die, die unser Bewusstsein beim Einweihungsweg erfährt. Ich möchte das hier einmal ins Bild bringen.

Stellen Sie sich einmal Folgendes vor. Sie schlendern in Chartres durch den Ort. Sie sehen sich Schaufenster an, machen Einkäufe und setzen sich vielleicht auch einmal auf eine kleine Terrasse und betrachten die Menschen mit all ihren Tätigkeiten. In anderen Worten: Sie stehen mitten im normalen Leben, Ihre Aufmerksamkeit ist durch die alltäglichen Dinge in Anspruch genommen.

Dann beschließen Sie, zur Kathedrale zu gehen. Ihre Aufmerksamkeit zieht sich ein wenig zurück vom täglichen Getriebe und wendet sich dem zu, was kommt. Sie machen sich auf den Weg, laufen ein Stückchen, biegen um eine Ecke, und plötzlich stehen Sie auf dem Vorplatz der Kirche. Der Verkehr fährt noch zwischen Ihnen und der Kirche hindurch, doch gegenüber, auf der anderen Seite des Platzes, erhebt sie sich in ihrer ganzen Majestät. Sie sehen sie dort zwischen den Häusern stehen, wie ein Ruhepunkt mitten im Getriebe des Lebens. Sie überqueren die Straße und betreten den Platz. Langsam bewegen Sie sich auf die Kathedrale zu. Zunächst sehen Sie sie noch wie aufgenommen von ihrer Umgebung, mit dem strahlend blauen Himmel um sie herum. Je näher Sie ihr kommen, desto mehr wird Ihr gesamtes Gesichtsfeld von der Front der

Kirche bestimmt. Ihre Aufmerksamkeit entzieht sich unmerklich immer stärker dem täglichen Getriebe in der Stadt und richtet sich auf einen Ort der Ruhe und der Stille. Wenn Sie dies konzentriert tun, hat es eine beruhigende, Stille bringende Wirkung auf Sie. Sie können natürlich auch einfach auf die Kirche zulaufen, ohne Ihre Stimmung von all dem beeinflussen zu lassen. Dann bleiben Sie auch vor und in der Kirche ein Tourist, Sie befinden sich quasi noch immer im Alltagsleben.

Dieses Bild steht für die Vorbereitung auf eine Übung oder eine Meditation.

Dann treten Sie durch die Eingangstür ins Innere. Sie befinden sich in einem großen, dämmrigen Raum. Das Geräusch der unzähligen Stimmen ist gedämpft. Ihre Augen müssen sich allmählich an das Dunkel gewöhnen. Darum sehen Sie die Säulen zuerst vage, nur langsam werden ihre Konturen schärfer. Sie befinden sich jetzt in einer Innenwelt, in welcher durch den Bau und die Einrichtung eine Stimmung der Ruhe und Ehrfurcht herrscht. Sie kommen sozusagen in eine andere Welt, genauso wie es der Fall ist, wenn Sie die Übungen machen, die zur inneren Ruhe führen.

Sie können sich eine Weile ruhig in der Kirche umschauen und die Stille und den Raum dieses Gebäudes auf sich wirken lassen. Genießen Sie es und lassen Sie sich zur Ruhe kommen, bevor Sie dann wieder in das Leben zurückkehren. So wird die Kathedrale zu einem Ruheort, wie sie ihn für viele Besucher darstellt.

Sie können auch noch einen Schritt weiter gehen. Dies taten unzählige Pilger vor uns, die aus allen Himmelsrichtungen zur Kathedrale gewandert sind. Sie können sozusagen dort in die Lehre gehen, wie es früher die geistlichen Schüler taten. Was bedeutet dieses »In-die-Lehre-Gehen«? Sie können es vergleichen mit den ersten Schritten auf dem meditativen Weg. Sie gehen hinter den Erscheinungen der stofflichen Welt auf die Suche nach dem Geist, der geistigen Welt. Zunächst waren Sie damit beschäftigt, Ruhe in der Seele herzustellen, jetzt kann die Seele sich geistigen Inhalten zuwenden. Im Bild der Kathedrale bedeutet dies: Sie können sich jetzt intensiver auf die verschiedenen Schönheiten dieser Kirche einlassen. Sie laufen nach vorn, und jetzt kommt die Fülle und Differenziertheit der Glasfenster in Ihren Blick. Es sind insgesamt 176, von denen Sie, wenn Sie gerade eingetreten sind, zunächst nur die sieben Fenster der Apsis an der Rückwand der Kirche sehen können. Diese Fenster enthalten Abbildungen von biblischen Geschichten und Gleichnissen. Zusammen bilden sie ein Buch mit vielerlei Botschaften. Die Heiligenleben dienen als Beispiel, wie der Mensch einen Weg durch das Leben suchen kann, der zu Reinheit und Mut führt. Die ethischen Botschaften der Gleichnisse im Neuen Testament appellieren an unsere Moralität. Unsere Übungen beginnen sich zu vertiefen. Wir gehen bei den Fenstern auf eine meditative Art und Weise »in die Lehre«. Dies führt zu einer Stimmung von Ehrfurcht und Verbundenheit mit den vielen Menschen, die auf sehr unterschiedliche Weisen und an ganz unterschiedlichen Orten einen ähnlichen Weg bereits gegangen sind. Wir werden heimisch in diesem Raum. Wir gehören dazu, werden Teilhaber.

Wenn Sie sich eine Weile in die Motive der Glasfenster vertieft haben, gehen Sie wieder etwas weiter. Sie bewegen sich in die Richtung des Altars. Wenn Sie dort ankommen, haben Sie durch das meditative Bearbeiten all dieser Fenster bereits sehr viel in Ihrer Innenwelt getan. Der Raum der Kirche liegt hinter Ihnen. Wenn Sie dann um den Altar herumgehen, sehen Sie schräg oberhalb von sich die letzten sieben Fenster, die Sie beim Hereinkommen aus der Ferne bereits erblickten. Sie können die Figuren, die darauf abgebildet sind, nun genauer unterscheiden. Es sind die großen Führer des jüdischen Volkes. Moses und Aaron sind da zu sehen, Jesaia, Jeremia, Ezechiel und Daniel. Das Gespräch, das Sie jetzt mit ihnen führen, ist ganz anders als zu Beginn. Sie laufen dort jetzt nicht mehr als Tourist herum, sondern fühlen sich nach der Vertiefung in die Motive der anderen Fenster verbunden mit dem Strom, in dem sie standen. Der Ort, an dem Sie jetzt sind, kann eine gewisse Befangenheit in Ihnen hervorrufen.

Ich habe dort erlebt, wie die Wesen der geistigen Welt eine inspirierende Wirkung ausüben können.

Zum Schluss können Sie sich umdrehen. Sie stehen noch an derselben Stelle, aber die ganze Perspektive ändert sich. Sie stehen an der Stelle des Priesters. Erst standen die großen Führer des jüdischen Volkes vor Ihnen und wendeten sich Ihnen zu, jetzt erleben Sie, wie sie hinter Ihnen stehen. Dieses »Hinter-Ihnen-Stehen« ist sowohl konkret als auch im übertragenen Sinne wahr. Aus der Höhe blicken sie auf Sie nieder. Ich erlebte das als eine enorme Kraft. Und vor sich, ganz am Ende der Kirche, sehen Sie die Fenster mit den Darstellungen des Christuslebens und des Jüngsten Gerichts. Beim Jüngsten Gericht gelten nur noch die wesentlichen Dinge. Es ist das Urteil, das nach dem Tod über Ihr Leben gefällt wird. Dann wird es nicht mehr wichtig sein, ob Sie viel verdient oder ob Sie das Leben genossen haben – es gilt dann nur noch, ob Sie etwas aus ihrem Leben gemacht haben. Hier sind die beiden Ziele des Lebens von Wichtigkeit, die wir am Beginn des Buches nannten: sich selbst als Mensch veredeln und aus den persönlichen Qualitäten heraus zur Entwicklung der Welt beitragen. Alle Nebensachen werden in diesem Jüngsten Gericht hinfällig. Das ist die Orientierung, die Sie einnehmen, wenn Sie hinter dem Altar stehen. Die Inspiration wirkt von hinten auf Sie ein, Sie stehen handelnd in der Welt, wobei Sie als Orientierung das moralisch Wesentliche vor sich haben. Die Menschenwelt liegt wieder vor Ihnen, und sie hat ihren Blick dem Ort zugewendet, an dem Sie sich jetzt befinden.

Es ist ein Abenteuer, diesen Weg zurückzulegen und die verschiedenen Stimmungen zu verinnerlichen. Das Ganze ist ein Bild dafür, wie Sie dadurch, dass Sie den Schulungsweg gehen, immer wieder in andere, neue innere Gebiete gelangen, die außerhalb der unterschiedlichen Gebiete der allgemeinen Seelenwelt liegen. Im Verlauf einer Meditation und auf den Stationen des Einweihungsweges durchleben Sie diese Stimmungsgebiete und verbinden sich mit ihnen.

17 Meditation über Gefühle

Nach unserem Kathedralen-Besuch kehren wir wieder zurück zur Meditation. Wir sprachen zuerst von einem Sinnbild als Inhalt einer Meditation. Jetzt wählen wir einen anderen Inhalt: ein einfaches Gefühl oder eine Empfindung.

Wir können als Thema zum Beispiel die Eigenschaft der Freude wählen. Auch andere Gefühle wie Hoffnung, Geborgenheit oder Sicherheit eignen sich für diese Übung. Es sind Eigenschaften, die in der Seele anwesend sind und die durch die Ereignisse, die wir im alltäglichen Leben erfahren, angesprochen werden können.

Im ersten Schritt beim Aufbau dieser Meditation gehen wir auf die Suche nach der Erinnerung an ein Ereignis, an dem wir beispielsweise Freude erlebt haben. Dieses Ereignis stellen wir uns noch einmal lebendig vor das innere Auge. Wo waren wir? Mit welchen Dingen oder Menschen hatten wir zu tun? Wie sah die Umgebung aus? Was für ein Wetter herrschte? All diese Aspekte holen wir aus unserer Erinnerung herauf. Das Erinnerungsbild, das wir auf diese Weise herstellen, bildet gewissermaßen den festen Boden, auf dem wir im weiteren Verlauf der Meditation bauen können.

Danach verweilen wir bei der Frage, was genau an diesem Ereignis unsere Freude hervorgerufen hat. Was war das Besondere daran, das gerade bei Ihnen die Saite der Freude berührt hat? Versuchen Sie dies zu finden. Es kann zum Beispiel sein, dass jemand einfach aus einem spontanen Impuls heraus etwas für Sie oder einen anderen tat. Und das hat Sie innerlich erwärmt.

Wenn Sie sich das Element vergegenwärtigen, das gerade in diesem Fall Ihre Freude hervorgerufen hat, befassen Sie sich daraufhin gedanklich mit der Qualität dieses Ereignisses. Was geschieht, wenn jemand etwas aus einem Impuls für einen anderen tut? Wir können uns zum Beispiel Folgendes klarmachen: Jemand, der sich wirklich für einen anderen Menschen engagieren will, wird zu einem aktiven Bestandteil von dessen Leben. Er hat die Grenzen seines eigenen Lebens gewissermaßen ein wenig aufgehoben und macht den anderen zu einem Teil seines Lebens. Dies ist eine reiche, freie Geste. Wozu führt dies in der Welt, wenn diese Qualität sich auswirken kann? Und welche Folgen hat es, wenn sie nicht vorhanden ist? Auf diesem Wege kommen Sie vielleicht zu der Schlussfolgerung, dass dieser Wert zur Aufhebung der Einsamkeit und der individualistischen Tendenz beitragen kann, die in unserer Zeit besonders stark ist. Wenn wir uns dies klarmachen, kann aufs Neue ein Gefühl der Freude in uns aufkommen.

Als Nächstes versuchen wir uns völlig von diesem Erinnerungsbild zu lösen, von dem wir ausgegangen sind, und unser gesamtes Bewusstsein mit der Idee des Engagements zu füllen. Wir erfüllen unsere Seele mit den Gefühlen, die wir daran erleben. Es geht nun nicht mehr um die Freude, die wir an einem konkreten Ereignis erlebt haben, sondern um das Erleben von Freude an einer moralischen Qualität. Dies alles gehört zur Vorbereitung der eigentlichen Meditation. In der eigentlichen Meditation lassen wir diese Stimmung der Freude über das Engagement eines anderen oder seine Nächstenliebe in all ihrer Lebendigkeit in uns wirken und identifizieren uns damit.

Der Weg, den wir in der Meditation zurückgelegt haben, beginnt in der Seelenwelt. Wir gehen aus von einem Gefühl. Dann richten wir unsere Aufmerksamkeit auf ein Ereignis, das konkret stattgefunden hat. Unsere Aufmerksamkeit richtet sich auf die physische Welt, bzw. auf eine Erinnerung in ihr. Indem wir uns auf die Kraft konzentrieren, die unsere Freude hervorgerufen hat, verbinden wir uns mit einer unsichtbaren moralischen Kraft.

Diese hat ihre Existenz in der geistigen Welt. Wenn wir diese Kraft in unserem Bewusstsein wirken lassen und damit das Erinnerungsbild loslassen, erfüllen wir unser Bewusstsein nur noch mit etwas Geistigem. Und das ist die eigentliche Meditation.

18 Meditation über einen Spruch

Einen anderen Meditationsinhalt bilden Sprüche oder Mantren. In der Anthroposophie gibt es sehr viele Sprüche, die von Rudolf Steiner stammen und hauptsächlich in dem Band *Wahrspruchworte* zusammengefasst sind.

Wenn Sie dieses Buch öffnen, fällt Ihnen auf, dass nicht nach Gedichten, Sprüchen oder Meditationen unterschieden wird. Es umfasst vielerlei Texte, doch die Unterschiede zwischen Gedichten, Sprüchen und Meditationsmantren liegen nicht im Text als solchem, sondern in der Art und Weise, wie Sie mit dem Text umgehen. Was ist ein Spruch? Ich betrachte einen Spruch als einen Text, der von jemandem verfertigt wurde als Zusammenfassung einer Meditation in Worten. In der Meditation betritt der Betreffende ein Gebiet der Seelen- und Geistwelt. Was er dort sieht und erlebt, fasst er in einer Imagination zusammen. Möglicherweise erreicht sein Bewusstsein dort auch die inspirative oder intuitive Ebene. Er »sieht« eine Wirklichkeit in Bildern, »hört« sie als Klänge. Er kann dann versuchen, dieses Bild in Worte oder in ein Sinnbild zu gießen. Die Schwierigkeit dabei besteht darin, dass unsere Alltagssprache oft für solcherlei Inhalte nur unzureichend geeignet ist. Wollen wir sie in Worte kleiden, muss sich der Betreffende allerlei Kunstgriffe bedienen. Dies ist vergleichbar mit dem Prozess, den ein Dichter vollzieht. Er verlässt die Logik der gewöhnlichen Prosa und erlaubt sich eine Reihe von Freiheiten, um dadurch vor allem den Erlebniswert seines Inhaltes in einfachen Worten wiedergeben zu können.

Wenn Sie einen Spruch nur lesen und den Inhalt gefühlsmäßig zu sich sprechen lassen, so können Sie den Text als ein Gedicht betrachten. Wenn Sie den Text für sich selbst oder im Rahmen einer Gruppe mit einer bestimmten Qualität der Besonnenheit laut sprechen, bekommt er eine mehr rituelle Funktion. Dann wird er im eigentlichen Sinne zum Spruch. Wenn Sie schließlich den Inhalt nehmen, um sich meditativ damit zu verbinden, so macht dies den Text zu einer Meditation.

Um dies an einem Beispiel zu verdeutlichen, möchte ich hier von einigen Sprüchen Rudolf Steiners ausgehen, die in dem Band *Seelenübungen I* zu finden sind:

Für den Abend

Es tritt bewusst mein Ich
Aus dem Reich der Daseinshüllen
Zu ruhen in der Welten Wesen –
Ins Göttliche strebet es –
Gewinne Seele dies Reich
Des Geistes glänzend Wogenmeer
Des Lichts erstrahlende Gebilde.

Für den Morgen

Licht erstrahlende Gebilde
Glänzendes Wogenmeer des Geistes
Euch verließ die Seele
In dem Göttlichen weilte sie
In ihm ruhte ihr Wesen
In das Reich der Daseinshüllen
Tritt bewusst mein »Ich«.

Diese Kombination aus zwei zusammengehörigen Sprüchen ist so angelegt, dass man sich morgens direkt nach dem Aufwachen und abends kurz vor dem Einschlafen mit ihnen beschäftigen soll.

Steiner gibt für den Morgen die Anweisung, dass wir nach dem Erwachen unsere Aufmerksamkeit von den Sinneseindrücken und den Erinnerungen an den Tag zurückhalten sollen. Füllen Sie die Leere, die so entsteht, mit der Vorstellung von Ruhe. Lassen Sie diese Ruhe durch Ihren ganzen Körper ziehen. Dies braucht nicht lange zu dauern. Lassen Sie dann die Zeilen der Morgenmeditation durch Ihre Seele ziehen. Bilden Sie bei den ersten beiden Versen eine lebendige Vorstellung eines Lichtmeeres, in dem sich Gestalten bilden. Bei den nächsten drei Versen stellen Sie sich vor, wie die Seele auftaucht aus diesem Lichtmeer, bei den letzten Versen schließlich, wie die Seele beim Erwachen in den Körper einzieht.

Für den Abend rät er, sich klarzumachen, dass Sie im Gegensatz zum Tag nachts keine Sinneseindrücke haben werden. Indem Sie sich Sinnbilder schaffen, beginnen Sie sich jetzt die übersinnliche Welt vorzustellen, weil diese Sinnbilder Sie allmählich in die übersinnliche Welt hineinführen werden. Stellen Sie sich vor, dass der Raum um Sie herum und in Ihnen mit einem übersinnlichen Licht erfüllt ist, als ob ein Lichtmeer in verschiedenen Farben aufleuchtet und von Wärmeströmungen durchzogen wird. Eine dieser Wärmeströmungen zieht in Ihr Herz ein.

Diese Vorstellungen halten Sie ungefähr vier Minuten lang meditativ in Ihrem Inneren fest, und danach lassen Sie die sieben Verse des Abendspruches meditativ in sich erklingen, doch jetzt in einer anderen Reihenfolge als beim Morgenspruch.

Soweit die Angaben Rudolf Steiners.

Ich habe lange danach gesucht, wie ich aus diesem Spruch Sinnbilder herstellen kann, sodass die Zeilen des Textes lebendiger werden. Dafür habe ich wieder dieselben Schritte angewandt, die bereits in der Meditation über das Rosenkreuz geschildert wurden: denken, vorstellen und sich einleben. Um diesen Weg anhand von Sprüchen wie diesen zu gehen, können Sie verschiedene Facetten betrachten. Ich persönlich unterscheide hier den »topografischen« Aspekt, das heißt die verschiedenen Gebiete, die in diesem

Spruch angedeutet werden, von den verschiedenen Stimmungen, die genannt werden, und schließlich den Appell, der ergeht. Es sind Facetten, die in vielen Sprüchen wiederkehren.

So auch in diesem Spruch: Die Seele verlässt das Gebiet der irdischen Hüllen und tritt in das Gebiet des Göttlichen ein. Später wird sie aufgerufen, weitere neue Gebiete kennen zu lernen, nämlich das Gebiet des Wogenmeeres des Lichtes und der Licht ausstrahlenden Gestalten. Sie können sich jetzt ein Bild davon formen, was dieses Reich der Daseinshüllen ist. Zunächst sehe ich dies als die Welt des Physischen: unser Körper und alles, woran wir durch unseren Körper teilhaben – unser Zimmer, unser Haus, unsere Umgebung ... kurz, unsere tägliche Lebensumgebung.

Das Leben bildet einen zweiten Aspekt dieser Daseinshüllen. Der Körper hat seine Vitalität und seine Lebenskraft. Sie sind mit unserem Körper verbunden, solange wir leben. Im Laufe des Tages erleben wir diese Vitalität in ihrer Abhängigkeit von seiner Verfassung entweder als behagliche oder unbehagliche Hülle. Durch die Seele wird im Verlauf des Tages Einfluss auf diese Vitalität ausgeübt, denn wir benutzen sie, um uns bewusst mit der Welt zu verbinden. Des Nachts, wenn sich die Seele aus dem Körper zurückgezogen hat, regeneriert sich diese Vitalität.

Ein dritter Aspekt der Daseinshüllen ist der Teil der Seele, der sich auf die physische Welt richtet und eine Verbindung mit ihr unterhält. Wir nannten das die »kleine Seele«. Darin leben alle Gedanken, die wir über das Alltagsleben denken, wie auch das Bild der Verpflichtungen, die wir haben, des weiteren unsere Ansichten, unsere Urteile. Auch unsere Gefühle in Bezug auf den Tag, der hinter uns liegt, und den Tag, der auf uns zukommt, haben darin ihren Platz. Ferner die Handlungsimpulse und Begierden, die wir haben und die uns an unseren Körper binden. Dieser Teil der Seele ist gleichsam ein Mantel, den wir beim Erwachen anziehen. Beim Einschlafen legen wir ihn wieder ab. In der Übung der Einkehr, wie sie auf Seite 55 geschildert wurde, haben wir diese Geste bereits geübt. Können Sie sich vorstellen, wie Sie diese Bewegung machen aus der physischen Hülle, dem Bereich der vitalen Kräfte und aus dem ganzen Konglomerat von Gedanken und Gefühlen, die Sie an den Tag binden? Und können Sie sich dann in diese Bewegung einleben?

Was für Vorstellungen entwickeln Sie über die Seele selbst, die sich aus den Daseinshüllen herauszieht? Die Seele ist ein raumloses Ganzes, das seine tägliche Form lediglich durch die Form des Körpers erleben kann. Die Seele selbst besitzt eine solche Form nicht. Sie löst sich auf im großen Ganzen, außerhalb von Raum und Zeit. In der Meditation über das Rosenkreuz haben wir uns bereits mit dieser Tatsache beschäftigt. Jetzt haben wir die Ingredienzien beieinander, um zu einem zusammenfassenden Bild zu kommen, wie die Seele sich aus ihren Hüllen herauszieht und im Kosmos auflöst. In diesem Bild können Sie sich einleben, sodass es zum Erleben wird.

Dann betrachten wir die topografischen Begriffe, die in den beiden Sprüchen verwendet werden. Die Seele strebt jetzt in das Gebiet des Göttlichen. Dort kann sie später einen Unterschied machen zwischen dem glänzenden Wogenmeer des Geistes und den Gebilden, die Licht ausstrahlen. Letztere weisen meines Erachtens mehr auf die Wesen hin, die dort leben, Ersteres auf die Wirkung, die sie dort ausüben. Wenn ich mir bestimmte Gemälde von Kandinsky vergegenwärtige (siehe Bildteil), entsteht in mir die Frage, ob es diese Welten sind, die er in verschiedenen Phasen seines Malerlebens darstellte. Auch diese Begriffe können wir Schritt für Schritt im Aufbau der eigentlichen Meditation ausarbeiten.

Eine Besonderheit an diesem Spruch ist sein Zwillingscharakter. Die Bewegung weg vom irdischen Bewusstsein wird zuerst angesprochen und dann erfolgt die Bewegung zurück in die Hüllen. Es kann hilfreich sein, sich parallel wechselweise die entsprechenden Zeilen vorzunehmen, dadurch können wir uns ein besonders aktives Bild dieser Bewegung machen. Das Herausgehen aus dem Körper beispielsweise ist sehr schwer zu spüren, weil wir dabei unser Bewusstsein verlieren. Beim Aufwachen ist dies anders. Dabei können wir eine solche Bewegung leichter fühlen. Indem wir uns dies bewusst machten, fällt es uns auch leichter, die umgekehrte Bewegung wahrzunehmen.

Eine weitere Einstiegsmöglichkeit sind die Stimmungen, die in den beiden Sprüchen angesprochen werden. Es ist die Rede davon, dass die Seele in der Welt des Göttlichen ruht. Offenbar war der Aufenthalt in den irdischen Hüllen anstrengend. Meistens erfahren wir das ja auch so, wir haben dies bei der Beschreibung der Feuerprobe bemerkt. Wenn sie in der göttlichen Welt angekommen ist, kommt die Seele zur Ruhe. Sie kann die Hingabe an diese Welt in einem Gefühl der Geborgenheit und der Bedingungslosigkeit erleben. Sie hat frei vom Tagesbewusstsein und vom Leben im Irdischen existiert. Sie kehrt zurück in den göttlichen Schoß. Das Gefühl, das hiermit einhergeht, erleben wir in seiner ganzen Tiefe. Wenn Sie kurz auf früher dargestellte Schritte und Übungen zurückgreifen, gelingt es Ihnen vielleicht, sich in diese Ruhe des Umhülltseins durch die geistige Welt einzuleben.

Noch ein paar Worte über die Ruhe. Wir hatten bereits darauf hingewiesen, dass innere Ruhe eine Vorbedingung für den Einweihungsweg ist. Wie steht es damit nun jetzt, wenn es sich um das Finden der Ruhe im Göttlichen handelt?

Es gibt zwei Ebenen von Ruhe. Die eine ist die Seelenruhe, das heißt die Ruhe in der eigenen Seele. Sie besagt, dass die Gedanken und Gefühle in diesem Moment in der Seele einigermaßen geordnet wirksam sind. Eine andere Ruhe ist die geistige Ruhe. Hier geht es darum, dass das Ich sich durch seine Geborgenheit in der geistigen Welt stark fühlt und einen Überblick über die Turbulenzen innerhalb der Seele hat. Die Seele muss nicht notwendigerweise ruhig sein, doch das stört das Ich nicht. Diese Ruhe ist von einer höheren Ordnung als die Seelenruhe.

Und dann erklingt aus dem Geistgebiet ein Aufruf! Es ist nicht so, dass Sie im Schoß des Göttlichen in Ruhe gelassen werden. Im Gegenteil, Sie werden eingeladen, etwas zu tun. Sie werden eingeladen, weiterzugehen, indem Sie sich des Gebietes bewusst werden, in dem Sie gelandet sind. Hier handelt es sich um einen ganz wesentlichen Schritt: Der Mensch wird eingeladen, die geistige Welt zu untersuchen. Die Ruhe wird wieder aufgegeben, und Sie machen sich – hoffentlich ausgeruht vom Verweilen im Schoß des Göttlichen – aufs Neue auf den Weg. Sie beginnen sich zu fragen, wie die Welt dort genau aussieht und welche Gesetzmäßigkeiten dort herrschen. Es wird von Ihnen erwartet, dass Sie dieses Gebiet betreten. Indem Sie dies tun, entwickeln Sie die »große Seele«, die sich den subtilen Wirkungen des Geistes öffnet.

Ich erlebe an den beiden zitierten Sprüchen etwas ganz Besonderes: Sie beschreiben nämlich mehr als nur das Einschlafen und Erwachen. Wir sahen bereits bei der Darstellung der Rosenkreuz-Meditation, dass ein Bild für mehr steht als nur für dasjenige, mit dem wir es aufgebaut haben. Dasselbe gilt auch hier. Was in diesen Sprüchen beschrieben wird, ist nämlich die Gebärde der Meditation selbst! Auch in der Meditation zieht sich die Seele aktiv aus der irdischen Welt und dem irdischen Körper zurück. Sie orientiert sich auf die göttliche Welt, um in dieser zu ruhen. Und auch da, beziehungsweise gerade da, erklingt der Aufruf, diese Welt des Geistes, vor deren Türen wir jetzt stehen, zu betreten. Und genau das ist die Aktivität, auf die wir uns bei der Meditation konzentrieren. Darum können Sie diesen Spruch auch unabhängig vom Einschlafen oder Erwachen bearbeiten, zum Beispiel an einem festen, regelmäßig wiederkehrenden Moment des Tages. In diesem Fall beginnen Sie mit der Bewegung des Einschlafens, also des Verlassens der irdischen Welt, und enden mit der Rückkehr der Licht ausstrahlenden Gestalten! Sie können dann auch mehr Energie für den Aufbau der Bilder einsetzen, die dann im Abend- und Morgenspruch wieder verwendet werden.

Zum Schluss sei noch etwas über den Unterschied zwischen einer Bildmeditation und einer Wortmeditation gesagt. In der Bildmeditation wird vom Denken, der Vorstellung und dem Einleben ausgegangen. Nach dem Aufbau des Bildes gelangen wir zu den

Sinnbildern, die Symbole für eine hinter ihnen liegende geistige Wirklichkeit sind. Diese Symbole werden lebendig und können anfangen, zu uns zu sprechen. Die Bilder bleiben jedoch eine künstliche Abspiegelung ihres Ursprungs, der geistiger Natur und darum nicht in Bildern zu fassen ist. So ergreifen wir die geistige Welt zuerst in Form abstrakter Gedanken, dann in Sinnbildern und schließlich in einer Qualität, die mit der Qualität der Musik verwandt ist. In ihrer gegenstandslosen Klangsprache kann sich Geistiges besonders gut aussprechen.

Diese geistige Wirklichkeit wird durch den Verfasser der Sprüche in Worte gekleidet. Die Worte können wir meditierend wieder in Bilder rückübersetzen, so wie dies oben dargestellt wurde, doch wir können auch eine andere Art der Meditation üben. Diese wird als »Wortmeditation« bezeichnet. Wir lassen die Klangqualität der Worte als solche stehen und nähern uns ihr nicht denkend. Wir versuchen zu erleben, wie die gesprochenen Worte gewissermaßen von außen auf uns zukommen, wie von außen gesprochen, und wir versuchen, in einer inneren Stille diese Worte zu erleben. Wir streben danach, während wir diese Worte laut oder mit verhaltener Stimme aussprechen, in diesen Worten zu sein. Die Worte wirken als Klang in einer anderen Schicht unserer Seele als die Bildmeditation.

19 Medizinisches Intermezzo

Auf dem Hintergrund des Alltagslebens sind Kräfte aus der Seelenwelt und Wesen aus der Geisteswelt wirksam. Wir sind, was unsere Seele und unser Ich betrifft, ein Teil von ihnen, bei allem was geschieht.

Dies eröffnet eine neue Perspektive für den Umgang mit unseren alltäglichen Verrichtungen. Auch die Erziehung der Kinder, Essen und Trinken, unsere Berufsausübung bekommen eine andere Perspektive. In Bezug auf Letzteres, meinen eigenen Beruf, möchte ich hier noch ein paar Dinge hinzufügen.

Die Heilkunde in der Form, auf der heute der Akzent liegt, geht von den stofflichen Erscheinungen aus und berücksichtigt in ihrer Arbeitsmethode nicht ein geistiges Dasein. Bei vielem, was ich in diesem Buch beschrieben habe, lassen sich vielfältige Verbindungen zur Heilkunde herstellen. Ich kann sie an dieser Stelle nur nennen; es ist nicht möglich, sie hier eingehender auszuarbeiten.

Wir sprachen bereits von dem doppelten Zeitstrom. Der eine Strom kommt aus der Vergangenheit und geht in die Zukunft. In einem bestimmten Moment geschehen Dinge, deren Resultate erst später sichtbar werden. Hier regiert das Gesetz von Ursache und Wirkung. Was jetzt entstanden ist, findet seine Ursache in der Vergangenheit. Dies gilt genauso für Krankheiten. Jedenfalls ist dies die gängige Denkweise in der Medizin.

Der andere Strom hat seinen Ursprung in der Zukunft. Er geht davon aus, dass der Keim der Zukunft bereits jetzt vorhanden ist und danach strebt, sich zu offenbaren. In diesem Keim ist das Bild dessen, was kommen soll, bereits anwesend, wie im Samenkorn die Pflanze, die aus ihm entstehen wird. Durch den Strom des Lebens werden in diesem Verwirklichungsprozess Widerstände hervorgerufen. Von diesem Bild ausgehend können wir Krankheit als den Versuch betrachten, durch den Widerstand hindurch etwas Neues sichtbar werden zu lassen. Wir können uns Krankheiten dann so nähern, dass wir von der Frage ausgehen: Was will hier geboren werden? Dieser Ansatz bietet eine Erweiterung des traditionellen medizinischen Ansatzes.

In unserem Lebenslauf begegnen wir oft Widerständen. Wachstum und Entwicklungen sind ohne sie nicht denkbar. Wir sprachen bei der Darstellung des Transitionsprozesses bereits über Leugnung und Verdrängung. Wenn Grenzerfahrungen verdrängt werden, so landen sie im Körper. Dort können sie zu Spannungsbeschwerden führen, z.B. Muskelspannungen in den Schultern, im Nacken und im Rücken.

In der Phase des Feilschens gehen Menschen oft zu einem Arzt, um Hilfe zu suchen für ihre Probleme. Ich erlebe es oft als eine Falle, in die der Arzt geraten kann, wenn er jemandem Lösungen bietet, die dem Feilschen entgegenkommen und nicht die eigentliche Lösung darstellen. Die eigentlichen Lösungen erfordern oft ein echtes Eingreifen in die Lebensweise und die Lebensansichten.

Wer in eine Feuerprobensituation gerät, bekommt es mit der Angst zu tun. Hinter dieser Angst verbirgt sich etwas, das zu uns gehört. Wenn wir diese Konfrontation nicht eingehen wollen, obwohl es in unserem Leben in diesem Moment einfach »dran« wäre, kann die Angst verdrängt werden und es entstehen verschiedene Arten von körperlichen Stauungserscheinungen, Herzangst und Atemprobleme sind dann die Folgen.

Trübsal und bestimmte Formen der Depression wurden bereits bei der Darstellung des Transitionsprozesses genannt. Ich habe die Erfahrung gemacht, dass bei etlichen Menschen Depressionen Äußerungen einer Transition sind, das heißt, dass etwas geboren werden will. Es kann hilfreich sein, dies zu wissen und nach diesem Etwas auf die Suche zu gehen.

Auch kann sich am Boden der Depression ein Geheimnis verbergen. Eines dieser Geheimnisse kann Sehnsucht sein, die Sehnsucht nach bestimmten Lebensqualitäten, die nicht ausgelebt werden können. Insbesondere gilt dies für die Sehnsucht, eine eigene Form von Spiritualität entwickeln zu können.

Inspiration gibt Kraft und Energie. Diese Energie stammt nicht aus der normalen Ernährung, sondern ist eher eine Form kosmischer Ernährung. Wenn Sie keine Verbindung mit Ihrer Inspiration haben, fehlt Ihnen ein Energiequell. Dies kann eine Ursache von Übermüdungserscheinungen sein. Bei Übermüdung stellt sich die Frage: Fehlt es an Energie? Wird die Energie falsch verwendet, zum Beispiel um etwas zu verdrängen? Oder gibt es Energiequellen, die nicht genutzt werden? Vor allem Letzteres tritt auf, wenn wir, aus welchen Gründen auch immer, unsere Verbindung mit der Inspiration verloren haben.

Wir können auch unser Abwehrsystem betrachten. Es dient dazu, Infektionen zu verhindern und vorhandene Infektionen zu überwinden, es hat auch eine Funktion beim Erkennen und Bekämpfen, zum Beispiel von Krebs. Eine neuere medizinische Spezialdisziplin, die Psycho-Neuroimmunologie, erforscht den Einfluss von Seelenprozessen auf die körperliche Widerstandskraft. Auch hier sehen wir also wieder einen Zusammenhang zwischen der Gesundheit der Seele und der Gesundheit des Körpers, was wiederum einen Anknüpfungspunkt bietet für den Umgang mit dem Schulungsweg.

Das Erleben der Gnade erzeugt eine Stimmung von Dankbarkeit und Geborgenheit der Seele. Diese kann einen positiven Einfluss auf unsere Widerstandskraft haben, sowohl beim Verhindern von Krankheiten wie auch bei ihrer besseren und schnelleren Überwindung.

Eine angespannte oder ängstliche Haltung in Bezug auf das Leben hat eine völlig andere Wirkung auf unser Abwehrsystem als eine Haltung des Vertrauens und der Neugier auf das, was kommt. Wenn wir diese Prozesse mit unserem Bewusstsein erreichen können, bietet das zusätzliche Möglichkeiten für die Heilkunst, sowohl im heilenden wie im präventiven Sinne.

20 Geisteswissenschaftliche Forschung

In der Meditation haben wir verschiedene Schritte auf dem Gebiet des Geistes zurückgelegt. Bei der Meditation über das Rosenkreuz haben wir erfahren, wie sich die Seele verwandelt, die durch einen Reinigungsprozess gegangen ist. In der Meditation über Gefühle haben wir das Gebiet betreten, in dem große Schöpferkräfte wirksam sind, und in der Meditation über einen Spruch schließlich haben wir uns den Weg bewusst gemacht, den die Seele in der Nachtwelt zurücklegt. Die geistige Welt kam dabei auf verschiedene Weisen zur Sprache.

Wie können wir nun diese Einblicke und Erkenntnisse in Bezug auf die geistige Welt weiter vertiefen? Und wie gelangen wir vom Glauben zu einem Wissen? Wie können wir dort unsere eigenen Wahrnehmungen machen und ein eigenständiges Bild dieser Realität aufbauen, sodass wir aus diesem Wissen heraus stärker in unserem Handeln im Alltag stehen können? Und wie können wir die Hintergründe unserer beruflichen Tätigkeit so vertiefen, dass die spirituelle Dimension dahinter sichtbar wird?

Wir können natürlich durch Lesen und Studium zu verstehen versuchen, was Menschen, die in der Lage waren, in die geistige Welt zu blicken, über sie gesagt haben. Wir können auch den Weg der Forschung einschlagen und diese Forschung auf Inhalte der geistigen Welt orientieren.

Dabei taucht sofort die Frage auf, wie wir dieses Gebiet erforschen können. Was wir dafür zu allererst brauchen, ist ein gutes Forschungsinstrument. Dies gilt hier genauso wie in der Naturwissenschaft, in der von einer Wahrnehmung ausgegangen wird. Diese ruft oft eine Frage hervor, die man weiter erforschen möchte.

Es werden weitere Wahrnehmungen gemacht und interpretiert. Daraus folgt dann eine Hypothese, die wiederum zu neuen Forschungen führt, um weitere Wahrnehmungen zu sammeln. Dabei entwickelt man Instrumente, um Wahrnehmungen auf der Mikroebene machen zu können, wie zum Beispiel das Mikroskop, aber auch solche, mit denen wir physikalische Erscheinungen wie zum Beispiel Temperaturunterschiede messen können. Eine große Vielfalt von Forschungsinstrumenten ist auf diese Weise entstanden, die alle darauf zielen, Materie sichtbar und messbar zu machen und daraus ihre Gesetzmäßigkeiten abzuleiten.

Für die geisteswissenschaftliche Forschung sind die Instrumente, die in der Naturwissenschaft verwendet werden, wertlos. Die geistige Welt ist nicht sichtbar, messbar oder tastbar. Sie äußert sich zwar im Stofflichen, doch sie ist ihrer Natur nach überstofflich. Wir brauchen hier also ganz andere Forschungsmethoden und andere Wahrnehmungen. Wir können auch hier Hypothesenaufstellungen und Wahrnehmungen machen, um diese Hypothesen zu bestätigen oder auszubauen. Die Wahrnehmungen, die wir hier machen, liegen auf dem Gebiet des Geistes, und dafür benutzen wir die Organe, die wir in der Meditation entwickelt haben.

Um etwas zu erforschen, muss zunächst der Gegenstand der Forschung gewählt werden. Diese Wahl kann zum Beispiel mit unserem Interesse für unser berufliches Fachgebiet zusammenhängen, welches wir geisteswissenschaftlich vertiefen wollen. Es kann auch mit Fragen nach unserem eigenen Lebenslauf, unserer Biografie zusammenhängen. Oder mit Dingen, die wir in der Natur, die uns umgibt, erleben. Ein wiederum anderer Zugang ist die Forschung nach geschichtlichen Tatsachen, mit deren Hilfe wir beispielsweise untersuchen können, wie sich der Einfluss der geistigen Welt auf die Entwicklung von Ländern und Kulturen vollzieht. Immer wird es sich darum handeln, eine Verbindung mit den geistigen Hintergründen der Erscheinungen in der stofflichen Welt herzustellen.

In diesem Buch kann es nicht darum gehen, alle Möglichkeiten dieser Forschung auszuschöpfen. Stattdessen möchte ich, um dem einführenden Charakter treu zu bleiben, einige Schritte, die am Beginn einer Auseinandersetzung stehen, vorstellen.

Beginnen möchte ich beispielhaft mit der Fragestellung hinsichtlich des Lebens nach dem Tode. Wir gehen dabei von der Hypothese aus, dass es ein Leben nach dem Tod gibt.

Die geisteswissenschaftliche Forschung bauen wir genauso wie die Meditation in Schritten auf. Wir gehen zunächst mit unserem Denken an das Thema heran. Solche Gedanken können aus unseren Wahrnehmungen, aus unserem eigenen Denken oder aus Informationen, die wir gelesen haben, hervorgehen. Über das Thema des Lebens nach dem Tode ist in vielen Quellen höchst Verschiedenartiges zu finden. So können Sie sich beispielsweise mit den so genannten Nahtoderfahrungen von Menschen befassen, wie sie in der Literatur beschrieben werden. Sie können auch Bücher aus der esoterischen Literatur, wie zum Beispiel der Anthroposophie, lesen oder solche aus älteren Kulturen wie der tibetanischen oder ägyptischen. Die Gedanken, die wir so gebildet haben, bringen wir daraufhin in Bewegung. Das heißt, wir stellen uns jetzt ganz detailliert vor, was geschieht. So lassen Sie die Gedanken, die Sie sich gebildet haben, lebendig werden, und daraus wird sich schnell erweisen, dass bestimmte Gedanken korrigiert werden müssen. Als Nächstes leben Sie sich mit allen Gefühlen, die Sie über das Thema gebildet haben, in die Vorstellungen hinein, was dazu führt, dass Sie ein Teil davon werden. Dieses lebendige und farbige Bild lassen Sie ein Weilchen in Ihrem Bewusstsein stehen. Auf diese Weise haben Sie Ihr Bewusstsein aus der irdischen Gebundenheit gelöst und gänzlich auf Prozesse in der übersinnlichen Welt orientiert. Nun lassen Sie dieses Bild in seiner ganzen Kraft Ihr Bewusstsein erfüllen und konzentrieren Sie sich meditativ darauf. Dann kann es sich in Ihrer Seele aussprechen.

Nun wenden wir all dies konkret auf das Thema »Leben nach dem Tode« an. Wenn es nach dem Tod ein Leben gibt, wie müsste es dann aussehen? Zunächst vergegenwärtigen wir uns die Tatsachen aus der Literatur über die Nahtoderfahrungen. Darin werden Erfahrungen von Menschen beschrieben, die kurz tot gewesen sind, doch wieder ins Leben zurückkehrten. Sie beschreiben, dass sie sich kurz außerhalb ihres Körpers erfahren haben und dass dies ein ganz anderes Selbsterlebnis war als das Erlebnis im Körper. In dieser anderen Realität begegnen sie anderen Menschen, die bereits vor ihnen gestorben sind. Diese sind mit irdischen Augen nicht sichtbar, nur erlebbar. Es wird dann auch oft ein Lichtwesen beschrieben, dem man begegnet. Je nach der Kultur, in der jemand aufgewachsen ist, wird dieses Lichtwesen Engel, Christus oder anders genannt, doch ganz unabhängig vom kulturellen Hintergrund wird das Wesen immer in gleicher Weise beschrieben.

Weil es sich jedoch um eine Nahtod- bzw. Fasttoderfahrung handelt (man kann es auch Kurztoderfahrung nennen), wird nur das erste kleine Stück des Weges nach dem Tod beschrieben. Dieses Erleben hinterlässt jedoch einen tiefen Eindruck, durch den sich die Menschen, die so etwas durchgemacht haben, für den Rest ihres Lebens verwandelt fühlen.

In der hier gemeinten Forschung können Sie bestimmte Elemente aus dieser Beschreibung vertiefen. Zum Beispiel: Wie ist das Erlebnis, außerhalb Ihres Körpers zu sein? Können Sie sich an Momente erinnern, in denen Sie etwas Ähnliches erlebt haben oder die entfernt einem solchen Erlebnis ähnelten? Können Sie bestimmte Gefühle damit verbinden?

Es geht in diesem Zusammenhang nicht darum, eine vollständige Beschreibung des Lebens nach dem Tod zu geben. Ich versuche nur darzustellen, wie man ein solches Thema geisteswissenschaftlich erforschen kann. Darum wähle ich nur einige Aspekte des nachtodlichen Weges aus.

Ein weiteres Bild ergibt sich aus der Frage: Was bleibt nach dem Tod übrig? Der Körper bleibt nach dem Tod zurück. Wir können sehen, wie er nach dem Tod zu Staub zerfällt. Was bleibt übrig? Es sind Ihre Seele und Ihr Ich.

Wir können uns fragen: Wie müssen wir uns die Seele ohne Körper vorstellen? Was ist dann ihre Form, ihr Ort und ihre Größe? Wie ist die Gesetzmäßigkeit beschaffen, in die sie jetzt eintritt? Diese Fragen lösen Sie keineswegs schnell, auch nicht als Einzelner – es bedarf dafür der Anstrengung vieler Menschen über längere Zeit hinweg. Denn was Sie als Einzelner an geisteswissenschaftlicher Forschung verrichten, trägt selbstverständlich eine starke subjektive Färbung. Dies kann auch nicht anders sein, denn wir befinden uns noch in einem Anfangsstadium derartiger Möglichkeiten. Es gelingt nur schwer, völlig frei zu werden von der Bindung an das Irdische und tatsächlich völlig offen zu sein für das Geistige. Außerdem sind wir so stark durch unsere eigenen Meinungen und Auffassungen bestimmt, dass echte geistige Erkenntnisse immer wieder durch diese persönlichen Bilder getrübt werden. Dies schließt jedoch nicht aus, dass jeder Einzelne wenigstens anfängliche Schritte in diese Richtung tun kann.

In den bisher beschriebenen Übungen haben wir uns auf verschiedene Aspekte der Seele konzentriert. In der Feuerprobe haben wir den noch nicht befreiten Bestandteilen der Seele einen Inhalt gegeben; in der Wasserprobe haben wir die Wärme des Engagements in der Seele erlebt. Und im Erleben der Gnade fanden wir Dankbarkeit für alles Große, Bedeutende. So haben wir verschiedene Aspekte unseres Seeleninhalts konkretisiert.

Jetzt können wir versuchen, uns die Seele mit den genannten Inhalten vorzustellen. Stellen Sie sich dann vor, wie die Seele sich vom Körper löst und sich in einem dimensionslosen Raum auflöst. Diese Vorstellung ist eine Erweiterung derer, die in der Meditation über einen Spruch besprochen wurde, in der es darum ging, wie die Seele den Körper im Schlaf loslässt. Das Ich als Kern der Seele hat mehr oder weniger bewusst Anteil an diesem Prozess und kann ihm deswegen genauso wie im täglichen Leben eine gewisse Richtung geben.

Was geschieht nun weiter mit der Seele? Sie können jetzt einen Gesichtspunkt suchen, der eine neue Öffnung bietet. Bei der Suche nach einem lebendigen Bild kann es hilfreich sein, verschiedene Einfallswinkel auszuwählen, von denen aus wir unserem Denken und unseren Vorstellungen wieder einen neuen Impuls geben. Wenn es uns gelingt, dieselbe Sache von verschiedenen Gesichtspunkten aus zu sehen, bekommen wir ein immer vollständigeres Bild. Für mich war der erste Einfallswinkel auf der Suche nach dem, was nach diesem Leben geschieht, folgender: Wir blicken dann zurück auf unser Erdenleben und wir werten alles aus, was wir dort durchgemacht haben, allmählich nehmen wir immer mehr Abstand davon. Diesen Gesichtspunkt erlebte ich als wahr. Dennoch hatte ich immer das Gefühl, gegen eine Grenze zu stoßen, wodurch diese Bilder nicht richtig klar und durchsichtig wurden. Dann fand ich einen weiteren Blickwinkel. Dieser schloss den früheren nicht aus, er ergänzte ihn sogar: Nach dem Tod begeben Sie sich, das heißt Ihr Ich, auf den Weg nach Ihrer Heimat im eigentlichen Geistesland mit seinen schaffenden Wesen. Sie wollen sich wieder mit dem Ursprung Ihres Seins verbinden. Dieser Ursprung liegt in der geistigen Welt bei jenen lichtstrahlenden Wesen, die bereits im Kapitel über die Meditation über einen Spruch beschrieben worden sind. Wir können diese Welt nicht ohne weiteres mit der Seele betreten, so wie sie sich hier im Erdenleben ausgestaltet hat. Denn es sind noch alle Triebe und Begierden in ihr anwesend. Allerlei alte Gewohnheiten, die der Seele im Leben einen bestimmten Inhalt gaben, können uns jetzt im Wege stehen. Die Seele wird sich erst an jenes Gebiet anpassen müssen, wenn sie es betreten möchte. Sie wird sich darauf vorbereiten müssen, indem sie sich in die richtige Verfassung der Ehrfurcht versetzt, die angemessen ist, wenn sie diese Heimat betreten will. Dazu ein Vergleich: Sie stürmen nicht in Sportkleidung und mit einem Ghettoblaster in eine Kirche hinein.

Die Heimat der schaffenden Welt erfahre ich als eine der Liebe. Eine Art unselbstsüchtiger Liebe, die wir als Mensch kaum kennen. Es ist eine Liebe, die von Dostojewskij beschrieben wurde: Jemanden zu lieben bedeutet, ihn so zu sehen, wie Gott ihn beabsichtigt hat. Dem füge ich hinzu: Es bedeutet auch, selbstlos daran mitzuwirken, dass sich dies offenbaren kann. Es handelt sich um eine bedingungslose Liebe, die Sie niemals fallen lässt, die sich jedoch dennoch sehr streng verhalten kann. Durch diese Liebe fühlte ich mich inspiriert, als ich über die Rückschau schrieb: Es geht, wenn wir uns selbst betrachten, um eine Haltung der Liebe und der Unerbittlichkeit. Im Rahmen des Akzeptierens unseres Wesens, der Tatsache, dass wir uns als Mensch mit all unseren Fehlern auf dem Weg befinden, gibt es auch eine Art Unerbittlichkeit in Bezug darauf, dass wir sehen, was in Ordnung ist und was nicht.

Dies ist also das Gebiet, in dem sich das Ich nach dem Tod auf den Weg begibt. Will das Ich dieses Gebiet betreten, so muss es völlig gereinigt und völlig geöffnet sein für die Liebe. Alles, was nicht dazu passt, alles, was nicht auf diese Liebe orientiert ist, sondern auf eigenes Wohlergehen oder eigenen Vorteil, müssen wir zurücklassen. Dies gilt auch für jene Eigenschaften, die sich allein auf das Irdische beziehen, und zwar in einer solchen Weise, dass das Geistige darin keinen Platz, keine Existenzmöglichkeit hat. Es ist ein Reinigungsprozess, so rein zu werden, dass unsere Ankunft in der geistigen Welt nicht wie ein Fluch wirkt.

Auf solche Weise werden wir vieles ablegen müssen. Wir können uns fragen, um was es sich im Einzelnen handelt. Wir können annehmen: Es geht hier vor allem um Begierden und Triebe sowie um alle Gewohnheiten, die mit dem so genannten »Zeit-Totschlagen« zusammenhängen. Zunächst sind dies nur »flache« Begriffe. Auch diese können wir meditativ weiter bearbeiten. Dadurch kommen wir in die Lage, an konkrete Erfahrungen anzuschließen. Stellen Sie sich zum Beispiel vor, Sie essen gerne Schokolade, ja Sie sind ein wenig süchtig danach. Die Sehnsucht nach Schokolade können Sie befriedigen, indem Sie Schokolade essen. Zunächst lebt in der Seele eine gewisse Unruhe in der Form jener Sehnsucht nach der Schokolade. Wenn Sie sie verzehrt haben, ist die Sehnsucht gestillt und in der Seele wird es wieder ruhig. Bis die Sehnsucht aufs Neue aufkommt und so weiter. Die Unfreiheit der Seele in Bezug auf die

Schokolade empfinden Sie weniger, wenn Sie sie stärker befriedigen können. Nun übertragen wir das auf die Situation nach dem Tod. Hier gibt es keine Schokolade. Wir können unser Verlangen nicht mehr stillen, denn dafür bedürfen wir eines Körpers. Dies gilt auch für andere Bedürfnisse, die mit dem irdischen Leben zusammenhängen. Wir werden sie im beschriebenen Reinigungsprozess ablegen müssen. Die Sehnsüchte, so kann angenommen werden, werden »brennen« – eine sehr schmerzhafte Erfahrung.

Wir können uns dieses Erlebnis möglichst plastisch vergegenwärtigen und alle Gefühle von Schmerz und Einsamkeit, die dazu gehören, empfinden. So kommen wir zu einem gewissen Bild dieser Periode im nachtodlichen Leben.

Eine andere Kategorie von erdgebundenen Gebieten in der Seele ist jene, die mit den Gewohnheiten zusammenhängt, mit denen wir unsere Zeit totschlagen: zum Beispiel exzessiver Fernsehkonsum oder das Zappen vom einen Sender zum nächsten, die Programmzeitschrift zum dritten Mal lesen, Kreuzworträtsel lösen oder Schaufenster gucken. Es sind hier keine Verlangen, Sehnsüchte, sondern Gewohnheiten, die dazu dienen, die Leere in unserem Tageslauf zu füllen. Ein Bekannter von mir bezeichnete dies einmal als »Hass gegen das Geistige«, weil er Zeit, die er sinnvoll hätte nutzen können, mit etwas »tötete«, was ihn eigentlich nicht wirklich interessierte. Dies gilt selbstverständlich nicht, wenn wir solche Gewohnheiten dafür benutzen, um zum Beispiel nach einem hektischen, anstrengenden Tag zur Ruhe zu kommen. Dann können es unter Umständen sogar gesunde Gewohnheiten sein. Doch wenn wir solche Dinge tun, um eine innere Leere nicht fühlen zu müssen, nehmen sie die Funktion eines Vermeidungsverhaltens an. Dann wird ein Teil der Seele auf irdische Dinge orientiert, um uns abzuleiten. Auch dieser Teil der Seele wird der Orientierung auf das Geistige nach dem Tod im Wege stehen und wird zurückgelassen werden müssen. Und so, wie ich das Ablegen der Begierden als ein Brennen erlebe, erlebe ich dieses nun als Kälte und Einsamkeit.

Wir können nun wieder auf die Suche gehen nach unseren eigenen Gewohnheiten und uns in das einzuleben versuchen, was geschieht, wenn wir sie nicht mehr ausleben können. So kommen wir zu einer Verbindung mit der nächsten Periode des nachtodlichen Lebens.

Dieses Zurücklassen und Ablegen ist, wie geschildert, kein schmerzloser Prozess. Er ist genauso unangenehm, wie es der Fall ist, wenn wir während des irdischen Lebens diese Süchte oder Gewohnheiten beenden wollen. Erst wenn wir damit aufhören wollen, merken wir oft, wie stark wir von ihnen abhängig sind, wie unfrei wir also sind. Kein Mensch ist in dieser Beziehung frei. Wir haben alle unsere Abhängigkeiten, Süchte und unfreien Bindungen. Das gehört zum Leben und zum Menschsein. Es ändert jedoch nichts daran, dass wir nach dem Tod diese Dinge zurücklassen müssen und dass dies sehr schmerzt. Es ist wie eine Art Rittergeschichte, ein Kampf mit dem Drachen …

All dies klingt nicht attraktiv. Es kann ein Gefühl der Antipathie in uns aufkommen, was dazu führen kann, dass wir die erarbeiteten Bilder wieder verwerfen. Es ist dann unter Umständen gut, weitere, neue Gesichtspunkte zu suchen, die dieses Bild erweitern können. Zum Beispiel: Was fehlt, unserem Empfinden nach? Menschen, die eine Nahtoderfahrung durchlebt haben, beschreiben ein liebevolles Lichtwesen, das uns dort begegnet. Bei der Übung der Gnade-Erfahrung haben wir versucht, die damit verbundene Stimmung zu vertiefen. Stellen Sie sich jetzt vor, dass auf dem Hintergrund des beschriebenen Reinigungsprozesses diese Kraft anwesend ist. Sie hilft, dass wir den Weg, der hier zurückgelegt werden muss, besser ertragen. Es herrscht eine Sphäre des Vertrauens, die Sehnsucht nach dieser großartigen Welt wird dadurch verstärkt, und dies spendet die benötigte Kraft.

So gehen wir unseren Weg durch die verschiedenen Gebiete des nachtodlichen Lebens, bis wir schließlich dahin gelangen, wo unser Ursprung lag.

Bei dieser Forschung wenden Sie die Methode an, die Sie auch bei der Meditation angewandt haben. Sie beschäftigen sich jetzt mit einer konkreten Fragestellung, die Sie vertiefen möchten. Dadurch gehen Sie einen Schritt weiter als bei der Meditation, wo Sie den Anweisungen eines anderen folgen. Denn zum Beispiel bei der Meditation über einen Spruch handelt es sich um die Zusammenfassung eines Weges, den der Verfasser des Spruches zurückgelegt hat. Sie machen dabei Gebrauch von Elementen, die Sie in den früher beschriebenen Meditationen gebildet haben.

Auf diese Weise entsteht allmählich ein Bild des Ich, wie es sich allmählich von seiner Bindung an das Irdische frei macht und unter Erhaltung seines Bewusstseins mit der geistigen Welt und den Seelen anderer Verstorbener verschmilzt. Diejenigen Teile Ihrer Seele, die Sie nicht mitnehmen können, bleiben zurück, doch sie gehören noch zu Ihnen. Sie bleiben wie abgelegte Kleidungsstücke in niederen Sphären zurück. Stellen Sie sich noch einmal vor, wie es ist, so in die geistige Sphäre aufgenommen zu werden, in jene unermesslich großartige Sphäre der Liebe, in welcher die Wesen, die als Schöpfer hinter der gesamten Entwicklung stehen, leben. Es ist ein großartiges Glücksgefühl, ein Sein, für das es keine Worte gibt.

Setzen Sie Ihre Forschungen fort, so können Sie sich ein Bild des Spannungsfelds erarbeiten, das zwischen dem Wandeln in der Geistwelt und jenen Teilen in der Seele, die wie eine trübere Substanz in niederen Gebieten zurückgelassen wurden, herrscht. Sie stören die Weiterentwicklung der Erde. Sie können sich dafür verantwortlich fühlen, weil Sie wissen, dass diese Seelensubstanz Ihnen zugehört und wie eine Verunreinigung der Vollkommenheit wirkt, die in dem Gebiet herrscht, in dem Sie sich befinden. Aus dieser Erfahrung kann der Impuls hervorgehen, die eigenen »alten Kleidungsstücke« aufzuräumen und zum weiteren Entwicklungsgang der Erde beizutragen.

Während des Aufenthalts in der »Sphäre der Götter« werden Sie auch von den Impulsen dieser Götter durchdrungen, den Plänen, die sie mit den Menschen und der Menschheit haben.

Dies geschieht auf einem viel höheren Bewusstseinsniveau und in einer Atmosphäre liebevoller Anteilnahme, als wir sie normalerweise kennen. Das Ich erlebt, dass vor der Menschheit noch eine bedeutende Zukunft liegt, die noch lange nicht erreicht ist. Auch daraus geht ein Impuls hervor, wieder die Reise ins irdische Dasein anzutreten – in eine neue Verkörperung.

Was lässt sich von dieser Reise im täglichen Leben noch wiedererkennen? Sie haben nur sehr vage Erinnerungen daran. Diese Erinnerungen liegen in einer sehr tiefen Schicht des Unterbewussten verborgen. Von dort aus wirken sie in Ihr Seelenleben hinein, ohne dass Sie sich dessen bewusst sind, wo diese Erinnerungen ihren Ursprung haben. Über diese Erinnerungen sprachen wir bereits im vorigen Kapitel. Und bei unseren Betrachtungen über die Gnade sprachen wir über das Leben, wie es ist, von etwas aus der geistigen Welt berührt zu werden. Es ruft die Urerinnerung hervor an das, was wir als Verbundenheit mit jener Welt, die wir im Leben zwischen dem Tode und unserer letzten Geburt durchlebt haben.

Im Bereich der Wasserprobe begaben wir uns auf den Weg nach der Inspirationsquelle, die uns für unseren Platz, unseren Ort im Leben wach werden lässt, für dasjenige, was wir aus unseren Möglichkeiten und auf unserer Entwicklungsebene zur Entwicklung der Menschheit beitragen können. Sie gelangen dann zu der Erinnerung an das, was Sie im Leben zwischen dem Tod und Ihrer Geburt inspiriert hat und was dazu geführt hat, dass Sie sich entschlossen haben, sich wieder mit dem irdischen Dasein zu verbinden.

Die Feuerprobe konfrontierte Sie mit dem Abgrund. In diesem Abgrund begegneten Sie spannungsreichen Tatsachen; Tatsachen, mit denen Sie sich ungern konfrontierten, für die Sie sich schämten, vor denen Sie vielleicht Angst hatten. Sie hängen mit den »Kleidungsstücken« zusammen, die Sie nach dem Tode zurücklassen mussten und die Sie gerne aufräumen wollten, als Sie sich noch in jenen höheren Sphären befanden. Doch wie anders sehen diese Dinge hier auf der Erde aus! Hier haben Sie keine Lust mehr dazu, hier wollen Sie sie so schnell wie möglich loswerden. Doch Sie können ständig erleben, dass sie tatsächlich mit Ihrem Leben zusammenhängen, und manchmal entsteht doch der freie Impuls, sich daran zu entwickeln und sie zu überwinden. Dieser Entwicklungsdrang ist ebenfalls eine Erinnerung an jenen »Vorsatz«, den Sie damals in der geistigen Welt in Freiheit gefasst haben.

So gibt es viele Erfahrungen im täglichen Leben, in welchen gleichsam Echos des vorgeburtlichen Lebens aufklingen. Die Übungen, die wir beschrieben, waren immer auch zugleich ein Weg, sich mit diesen vorgeburtlichen Echos zu verbinden. Dadurch bekommt das tägliche Leben einen Zusammenhang mit dem großen Leben zwischen Tod und Geburt.

Zwischen dem Weg, den die Seele nach dem Tod zurücklegt, und dem, den die Seele im Einweihungsweg beschreitet, gibt es starke Parallelen. Der Weg nach dem Tod ist einer, der selbstverständlich gegangen werden muss. Das Maß an Bewusstsein, mit dem wir dies tun, hängt unter anderem mit dem Bewusstsein vom Geistigen zusammen, das wir während unseres Lebens hier auf der Erde entwickelt haben.

Den Einweihungsweg gehen wir während unseres Lebens mit vollem Bewusstsein und aus freier Entscheidung. Beide Wege streben nach dem Quell allen Seins in der geistigen Welt, und darum gibt es, geistig gesehen, keinen Unterschied zwischen ihnen.

Der Gang durch das Leben zwischen dem Tod und einer neuen Geburt lässt sich wie eine sich immer wiederholende Bewegung sehen: Erst findet eine Verdichtung statt in Richtung der Erde. Dort bleiben wir eine Weile und sammeln Erfahrungen. Dann findet wieder eine Ausdehnung in den Kosmos, in die geistige Welt hinein statt. Diese Bewegung lässt sich etwa so darstellen:

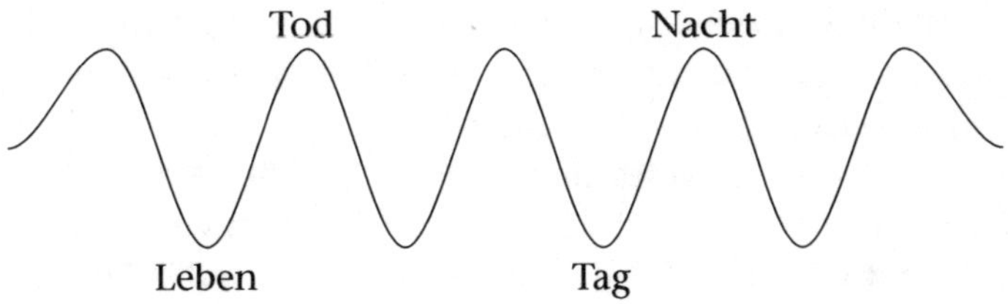

Wir können diese Bewegung komprimieren zu einer durchgehenden bewegenden Linie, die sich in sich selbst wiederholt. So erhalten wir das Urbild der Lemniskate.

In dieser Lemniskate lässt sich die ein- und ausstrahlende Bewegung erleben, wie sie durch Leben und Tod stattfindet, doch auch im Wechsel von Tag und Nacht, oder dann, wenn wir unsere Aufmerksamkeit nach innen wenden oder nach außen richten. Es ist auch ein Sinnbild für die Bewegungen der großen Seele, die sich auf das Geistige orientiert, und der »kleinen Seele«, die sich auf die stoffliche Welt richtet. Ein neues Sinnbild, das für die Meditation dienen kann:

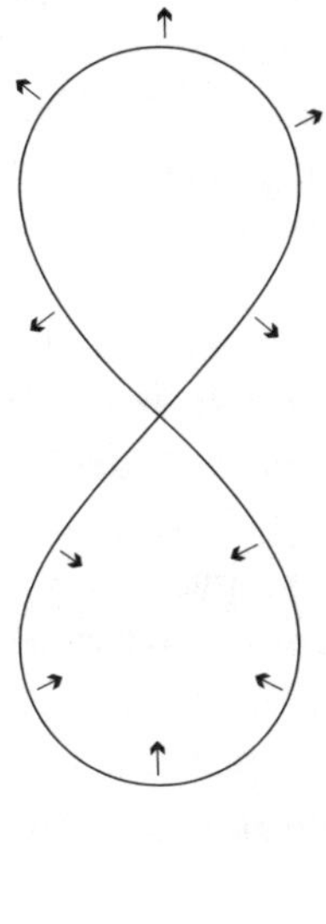

Wofür ist diese Forschung nach einem Leben nach dem Tod notwendig bzw. wünschenswert? In unserer Zeit haben wir kein Bild davon, was nach dem Tod geschieht. Die allgemein herrschende Auffassung lautet, dass dies nicht relevant ist. Wir werden es schon sehen, wenn es so weit ist. Dennoch verrichten wir viele Handlungen, die mit Leben und Tod zusammenhängen und bei denen es nicht deutlich ist, inwieweit sie einen Einfluss auf jenen möglichen Zustand nach dem Tod ausüben. Hierzu gehört zum Beispiel die Frage der aktiven Lebensbeendigung. In den Niederlanden ist es im Moment gesetzlich so geregelt, dass ein Arzt, wenn von einem unerträglichen Leiden ausgegangen werden muss, auf Wunsch des Patienten durch Euthanasie eingreifen darf. Was geschieht jedoch mit jemandem, der auf eine solche Art ins unsichtbare Leben eintritt? Wir wissen es nicht. Doch unser Umgang mit Leiden wird zweifellos ein anderer sein, wenn wir solche Gesichtspunkte dabei berücksichtigen. Wenn wir zu dem Erlebnis gelangen, dass wir jemandem auf dieser Seite jener Schwelle zwar helfen angesichts seines unerträglichen Leidens, jedoch auf der anderen Seite gerade nicht, verleiht dies der Handlung als solcher eine andere Perspektive. Dies gilt für viele Handlungen in der Medizin, wo die Frage nach der Bedeutung der Krankheit im Lebenslauf häufig nur von dem Gesichtspunkt aus angegangen wird, dass wir nur ein einziges Mal leben und dieses Leben so lange und so stark wie nur möglich genießen müssen.

Wenn wir uns ein Bild geschaffen haben von dem, was nach dem Tod geschieht, so verändert dies alles. Es kann dann keine Rede mehr von einem isolierten Erdenleben sein; es gibt dann ein mehr oder weniger ewiges Leben, von dem das irdische Dasein nur ein Kapitel zwischen anderen ist.

Ich bin mir natürlich dessen bewusst, dass es noch vieler Forschungen durch viele Menschen bedarf, bevor diese Erkenntnisse tatsächlich Allgemeingut geworden sind und eine Rolle in unserem praktischen Handeln zu spielen vermögen.

21 Ein letztes Bild

Ich will zum Schluss den Versuch machen, einige der besprochenen Wirkungen in einem einzigen Bild zusammenzufassen. Zuerst soll zum Ausdruck kommen, wie wir als Mensch auf der Erde stehen und auf ihr allein und miteinander unser Leben durchlaufen. Es gibt eine erste Sphäre, die uns nah umgibt. Das ist die Sphäre der »kleinen Seele«, in welcher unsere Emotionen und Ansichten im engeren Sinne leben – ihr begegneten wir in der Feuerprobe. Wenn wir nicht wach sind, leben wir gewissermaßen instinktiv in dieser Sphäre und handeln spontan aus festen Mustern heraus.

Aus einem größeren Abstand wirkt durch sie die Sphäre hindurch, die Gnade schenkt. Sie gibt uns Trost und eine Einbettung. Wenn wir uns ihr öffnen, kann ihr viel feinerer Klang durch die Feuerprobensphäre hindurch wirken. Dies gibt uns Halt und füllt die »große Seele«.

Von oben aus wirken die Inspiratoren. Sie geben die Begeisterung, Dinge zu unternehmen. Wenn wir für sie offen stehen, können wir durch die enge Feuerprobensphäre hindurch ihren Klang vernehmen:

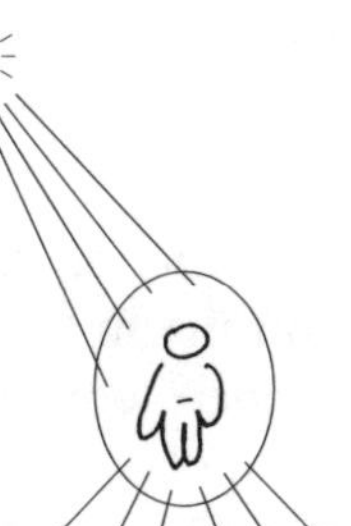

Ein ähnliches Bild können wir uns von der Erde machen. Auf der Erde leben wir als Menschen während unseres Erdenlebens. Um die Erde herum legt sich die Sphäre jener Kräfte, die mit unseren gemeinsamen Feuerproben zusammenhängt, mit denen wir uns noch nicht konfrontiert haben.

Um sie herum liegt die Sphäre der Inspiratoren, die in ihrer Unterschiedlichkeit ihre jeweilige Wirkung zur Erde hin strahlen. Wenn wir für sie offen stehen, können wir ihren viel subtileren Einfluss wahrnehmen.

Diese Sphäre umgibt dann wiederum die Sphäre der Gnade schenkenden Wesen. Sie betten das Ganze der Erde und ihrer Inspiratoren in eine Sphäre der Geborgenheit ein:

Zu meiner Überraschung entstand, als ich mir dies grafisch skizzierte, ein Bild der Erde mit ihrem Dunstkreis, den Planeten und den Sternen, die sie umgeben, eingebettet in den Kosmos. Ein neues Sinnbild!

Wir können dieses Sinnbild vereinfachen bis zu seinem Kern. Dann entsteht das einfache Bild von Punkt und Umkreis:

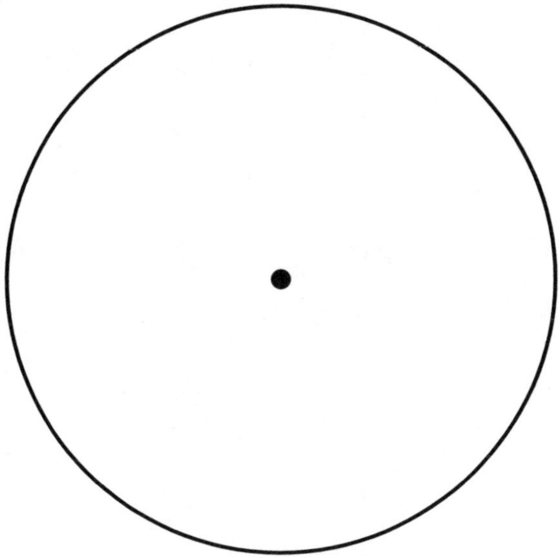

Der Punkt bildet die Mitte. Der Kreis ist die Peripherie. Das Zentrum steht für alles, was Zentrum sein kann, wie zum Beispiel wir in unserem sozialen Umkreis, wir auf der Erde, wir mit dem ganzen Kosmos, der uns umgibt, der Mensch inmitten der Schöpfung und so weiter. Der Kreis steht für Umgebung: die kosmischen Wesen im Verhältnis zur Menschheit, zum Menschen, zu uns, zu Ihnen und mir.

Der Kreis ist eine Linie. Eine Linie besteht aus Punkten. Jeder Punkt der Linie ist seinerseits das Zentrum eines neuen Kreises.

Der Punkt ist nicht nur Mittelpunkt eines einzigen Kreises, sondern zugleich einer endlosen Reihe von Kreisen verschiedener Größe.

Auch dieses Sinnbild eignet sich dafür, Inhalt einer Meditation zu werden.

ANHANG

Praktische Tipps

Wenn Sie etwas mit den Übungen des Schulungs- oder Einweihungsweges unternehmen wollen, ist es hilfreich, sich ein konkretes Ziel zu setzen. Was wollen Sie mit einer Übung erreichen? Wenn Sie die Übungen machen, weil Sie das Gefühl haben, dass dies zu Ihrem Beruf oder zu Ihrer Gesundheitspflege gehört, werden sie schnell misslingen. Auf die Dauer ist dies eine zu schwache Motivation. Am wirksamsten ist ein Interesse, das von innen kommt. Wenn Sie sich ein definiertes Ziel setzen, macht dies eine spätere Auswertung möglich.

Wenn Sie sich selbst ein Ziel setzen, wägen Sie dann gut ab, wie viel und wie stark Sie dafür Verantwortung übernehmen wollen. Damit meine ich: Wie viel Zeit können Sie wirklich dafür frei machen? Wie oft pro Woche? Müssen Sie dafür Dinge aufgeben? Tun Sie nie mehr, als Sie wirklich realisieren können!

Tun Sie, wenn Sie sich auf den Weg begeben, unbedingt alle Dinge weiter, die Sie immer schon taten. Ihre normalen Aufgaben bleiben genauso wichtig, wie sie es zuvor waren. Staubsaugen zum Beispiel sorgt dafür, dass Sie die Bodenhaftung nicht verlieren und nicht abheben. Andererseits: Auch beim Staubsaugen begegnen wir geistigen Gesetzmäßigkeiten ...

Wenn Sie sich bestimmte Dinge vornehmen, tun Sie es dann immer für eine bestimmte Zeit. Wenn Sie sich zum Beispiel vornehmen, eine Übung einen Monat lang durchzuführen und sich nach diesem Monat entschließen, damit aufzuhören, dann sind Sie Ihrem Entschluss treu geblieben. Nehmen Sie sich vor, künftig diese Übung zu machen, und Sie werden nach einem Monat nachlässig, dann sind Sie sich selbst untreu geworden. In der äußeren Realität machen wir in beiden Fällen eine Übung, in der Innenwelt gibt es einen Unterschied zwischen Treue und Untreue uns selbst gegenüber. Und dieser Unterschied zählt.

Es kann hilfreich sein, für Ihre innere Arbeit einen festen Ort zu wählen oder einzurichten. Ein Ort, an dem es ruhig ist, an dem Sie sich entspannen können und nicht so leicht gestört werden.

Erzählen Sie Ihrer Familie oder Ihren Mitbewohnern kurz, was Sie vorhaben. Sie könnten Sie in Ihren Aktivitäten bremsen, doch sie können Ihnen auch helfen. Im Allgemeinen werden sie Respekt davor haben und entsprechend Rücksicht nehmen, denn sie wissen, worum es sich handelt.

Wenn Sie auf dem Weg der Übungen weitergekommen sind, können Sie manchmal bemerken, dass bestimmte Gewohnheiten störend auf Ihre Übungen und Meditationen wirken. Dies gilt zum Beispiel für die Verwendung von Genussmitteln. Ich sage nicht, dass Sie damit aufhören und ein asketisches Leben führen sollen. Doch viele Übungen sind so ausgerichtet, dass sie Ihre Konzentrationsfähigkeit stärken. In solchen Fällen können Mittel, die genau das Gegenteil verursachen, kontraproduktiv wirken.

Im Prinzip ist der Einweihungsweg ein Weg, den man allein geht. Das Reden über die Erfahrungen, die Sie bei der Meditation machen, kann diese Arbeit schwächen. Doch es ist sehr hilfreich, mit anderen in einen Gedankenaustausch über die Technik, mit der Sie die Übungen durchführen, zu kommen. Manchmal fahren Sie sich bei einer bestimmten Übung fest und jemand anders hat das Hindernis schon bewältigt. Dann profitieren Sie von dessen Erfahrungen.

Die meisten Übungen führen Sie allein durch, weil Sie damit Fähigkeiten verstärken, die nur Ihnen »gehören«. Anders verhält es sich mit den Forschungs-Übungen, die wir bei der Feuerprobe und der Wasserprobe beschrieben haben. Hier ist es sogar besonders fruchtbar, sie zusammen mit anderen durchzuführen. Der eine geht auf die Suche anhand eines praktischen Beispiels, der andere stellt Fragen zur Verdeutlichung und sorgt dafür, dass der

Betreffende nicht abschweift. Im Übrigen kann auch eine Vertiefung anhand der Fragen, die bei jeder Übung aufgeführt wurden, sinnvoll sein.

Und seien Sie sich dessen bewusst, dass es nicht nur die ungewöhnlichen und besonderen Erfahrungen sind, die Ihnen Möglichkeiten zur Weiterentwicklung bieten, wie es z.B. Joseph Beuys zum Ausdruck gebracht hat (siehe Abb. 8 im Bildteil nach S.160).

Nun wünsche ich Ihnen eine abenteuerliche Reise!

Literatur

Das »Buch des Lebens«

Literaturliste I ist das Buch des Lebens. Wenn ich am Ende des Buches zurückblicke, sehe ich vor mir die vielen Geschichten der Menschen, die in ihm vorkommen. Im Buch handelt es sich um Beispiele für Prozesse, die sich im Leben ereignen. Für mich persönlich sind es Erfahrungen, die mir geholfen haben, den Inhalt dieses Buches zu finden. Ich realisiere mir, dass ich diesen Berichten genauso viel verdanke wie den Büchern, die ich gelesen habe. Durch das intensive Einleben in diese Geschichten wurden die Gesetzmäßigkeiten, die ihnen zugrunde liegen, sichtbar. Es sind die Gesetzmäßigkeiten, die in diesem Buch beschrieben wurden.

Ich danke allen Menschen, die auf diese Weise zur Entstehung beigetragen haben, ganz herzlich. Das gilt für alle Menschen, deren Geschichten ich (teilweise) beschrieben habe. Es gilt jedoch auch und insbesondere für all diejenigen, mit denen ich ihre Geschichte teilen durfte, sei es in meiner Praxis als Arzt, sei es in Kursen, die wir zusammen gestaltet haben.

Auf eine andere Art habe ich viel im Buch aller Menschen lesen können, mit denen ich mein Leben teilte. An erster Stelle steht meine Familie: meine Frau, meine Kinder, Stief-, Pflege- und Gastkinder, insgesamt dreiundzwanzig. Durch den täglichen Umgang mit ihnen habe ich auch immer besser im Buch meines eigenen Lebens lesen gelernt.

Dies gilt genauso für die Familie, in der ich früher lebte, die ich durch meine Scheidung jedoch verlassen habe. Und für meine Herkunftsfamilie, meinen Vater, meine Mutter und meinen Bruder.

Und schließlich danke ich allen Menschen meiner Umgebung, den Freunden, mit denen ich Freude, Leid und Ferien teilte und die eine Wegstrecke mit mir gingen, um ein gemeinsames Interesse zu teilen.

In dem Buch des Lebens werden Gesetzmäßigkeiten sichtbar, und es werden die Erkenntnisse, die wir uns beim Lesen erarbeiten, auf die Probe gestellt. Erst dann fängt dieses Buch wirklich an zu leben.

Literatur

Baan, Bastian: Mit dem Herzen sehen lernen. Urachhaus. Stuttgart 1998.

Dietzfelbinger, Konrad: Mysterienschulen. Diederichs Gelbe Reihe. Kreuzlingen [2]1998.

Kandinsky, Wassily: Punkt und Linie zur Fläche. Benteli. Wabern [8]2000.

Kübler-Ross, Elisabeth: Das Rad des Lebens. Droemer/Knaur. München 2002.

dieselbe: Über den Tod und das Leben danach. Verlag Silberschnur. Güllesheim [28]2002.

Ladwein, Michael: Chartres. Ein Führer durch die Kathedrale. Urachhaus. Stuttgart [2]2002.

Lievegoed, Bernard: Der Mensch an der Schwelle. Verlag Freies Geistesleben. Stuttgart [5]2002.

derselbe: Alte Mysterien und soziale Evolution. Verlag Freies Geistesleben. Stuttgart [2]1993.

Lowndes, Florin: Die Belebung des Herzchakra. Verlag Freies Geistesleben. Stuttgart [3]2000.

Spencer, Sabina A. / Adams, John D.: Life changes. St. Luis Obispo. Impact Publ. 1990.

Steiner, Rudolf: Theosophie. (Gesamtausgabe Bd. 9) Rudolf Steiner Verlag. Dornach [32]2002.

derselbe: Wie erlangt man Erkenntnisse der höheren Welten? (GA 10) Dornach [24]1993.

derselbe: Die Geheimwissenschaft im Umriss. (GA 13) Dornach [30]1989.

derselbe: Wahrspruchworte. (GA 40) Dornach [7]1991.

derselbe: Seelenübungen Bd. I (GA 267) Dornach [2]2001.

derselbe: Seelenübungen Bd.II (GA 268) Dornach 1999.

van de Weg, Jaap: Vom Sinn der Hindernisse. Urachhaus. Stuttgart [2]2001.

Bildnachweis

Bild 1, 3, 4, 5, 8: VG BILD-KUNST, Bonn
Bild 2: Verlag Urachhaus/ Marco Bindelli
Bild 7: Archiv Verlag Urachhaus / Octave Zimmermann, Musée Unterlingen, Colmar

Der Autor

Jaap van de Weg ist praktischer Arzt. Nach fünfzehnjähriger Tätigkeit in einem Therapeutikum eröffnete er eine Praxis für Psychosomatik und Entwicklungsfragen in Zeist/Niederlande. Fragen seiner Patienten nach dem Sinn von Krisen und Krankheiten regten ihn an, sich mit den Gesetzmäßigkeiten des Einweihungsweges zu beschäftigen.

Im Verlag Urachhaus liegt bereits vor:
Vom Sinn der Hindernisse. Einweihungsmotive im täglichen Leben.